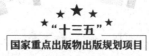

"十三五"
国家重点出版物出版规划项目

智慧城市实践系列丛书

智慧养老实践

SMART PENSION PRACTICE

主　编　张运平　黄　河
副主编　李奇伦

人民邮电出版社
北　京

图书在版编目（CIP）数据

智慧养老实践 / 张运平，黄河主编. -- 北京：人民邮电出版社，2020.7
（智慧城市实践系列丛书）
ISBN 978-7-115-54026-3

Ⅰ．①智… Ⅱ．①张… ②黄… Ⅲ．①养老—社会服务—智能系统—研究—中国 Ⅳ．①D669.6

中国版本图书馆CIP数据核字(2020)第079637号

内 容 提 要

本书分为理论篇、路径篇、案例篇：第一篇讲述了智慧养老的概述、不同的养老模式对智慧养老的需求及应用场景，以及实现智慧养老的关键技术；第二篇讲述了社区居家养老的智慧化建设、养老机构管理系统的建设、智慧旅居养老、医养结合的系统建设、大数据平台助力智慧养老；第三篇讲述了智慧养老的具体实践。全书把智慧养老实践的理论和法规通过流程、图、表的形式呈现，讲解通俗易懂，读者可以快速掌握重点。

本书可供从事智慧养老实践的机构、智慧养老设备提供商、智慧养老方案提供商、相关从业人员、养老机构负责人阅读和参考。通过阅读本书，读者能切身体会到智慧养老建设构成的方方面面以及国内外智慧养老的建设成果，以及我国在智慧养老领域的努力方向及建设思路。

◆ 主　　编　张运平　黄　河
　　副 主 编　李奇伦
　　责任编辑　贾朔荣
　　责任印制　彭志环
◆ 人民邮电出版社出版发行　　北京市丰台区成寿寺路11号
　　邮编　100164　电子邮件　315@ptpress.com.cn
　　网址　https://www.ptpress.com.cn
　　北京虎彩文化传播有限公司印刷
◆ 开本：700×1000　1/16
　　印张：13.5　　　　　　　　2020年 7 月第 1 版
　　字数：271 千字　　　　　　2024 年 9 月北京第 17 次印刷

定价：98.00 元
读者服务热线：(010)53913866　印装质量热线：(010)81055316
反盗版热线：(010)81055315
广告经营许可证：京东市监广登字 20170147 号

智慧城市实践系列丛书

编 委 会

总 顾 问：徐冠华　　科技部原部长

高级顾问：刘燕华　　科技部原副部长

　　　　　石定寰　　国务院原参事

　　　　　黄胜强　　国家口岸管理办公室原主任

　　　　　赵晓宇　　国家开发银行原副行长

　　　　　杨　丹　　西南交通大学校长

　　　　　邬贺铨　　中国工程院院士

　　　　　孙　玉　　中国工程院院士

　　　　　赵玉芬　　中国科学院院士

　　　　　卢耀如　　中国工程院院士

　　　　　孟建民　　中国工程院院士

　　　　　刘玉兰　　中国生产力促进中心协会理事长

申长江	中国生产力促进中心协会常务副理事长、秘书长
聂梅生	全联房地产商会创会会长
郑效敏	中华环保联合会粤港澳大湾区工作机构主任
乔恒利	深圳市建筑工务署署长
杜灿生	天安数码城集团总裁
陶一桃	深圳大学一带一路国际合作发展（深圳）研究院院长
曲　建	中国（深圳）综合开发研究院副院长
胡　芳	华为技术有限公司中国区智慧城市业务总裁
邹　超	中国建筑第四工程局有限公司副总经理
张　嘉	中国建筑第四工程局有限公司海外部副总经理
张运平	华润置地润地康养（深圳）产业发展有限公司常务副总经理
熊勇军	中铁十局集团城市轨道交通工程有限公司总经理
孔　鹏	清华大学建筑可持续住区研究中心（CSC）联合主任
熊　榆	英国萨里大学商学院讲席教授
林　熹	哈尔滨工业大学材料基因与大数据研究院副院长
张　玲	哈尔滨工程大学出版社社长兼深圳海洋研究院筹建办主任
吕　珍	粤阳投资控股（深圳）有限责任公司董事长

晏绪飞	深圳龙源精造建设集团有限公司董事长
黄泽伟	深圳市英唐智能控制股份有限公司副董事长
李　榕	深圳市质量协会执行会长
赵京良	深圳市联合人工智能产业控股公司董事长
赵文戈	深圳文华清水建筑工程有限公司董事长
余承富	深圳市大拿科技有限公司董事长
冯丽萍	日本益田市网络智慧城市创造协会顾问
杨　名	浩鲸云计算科技股份有限公司首席运营官
李恒芳	瑞图生态股份公司董事长、中国建筑砌块协会副理事长
朱小萍	深圳衡佳投资集团有限公司董事长
李新传	深圳市综合交通设计研究院有限公司董事长
刘智君	深圳市誉佳创业投资有限公司董事长
何伟强	上海派溯智能科技有限公司董事长兼总经理
黄凌峰	深圳市东维丰电子科技股份有限公司董事长
杜光东	深圳市盛路物联通讯技术有限公司董事长
何唯平	深圳海川实业股份有限公司董事长

策 划 单 位：中国生产力促进中心协会智慧城市卫星产业工作委员会
　　　　　　卫通智慧（北京）城市工程技术研究院

总 策 划 人：刘玉兰　中国生产力促进中心协会理事长
　　　　　　申长江　中国生产力促进中心协会常务副理事长、秘书长
　　　　　　隆　晨　中国生产力促进中心协会副理事长

丛 书 主 编：吴红辉　中国生产力促进中心协会智慧城市卫星产业工作委员会主任
　　　　　　　　　　卫通智慧（北京）城市工程技术研究院院长

编委会主任：滕宝红

编委会副主任：郝培文　任伟新　张　徐　金典琦　万　众　苏秉华
　　　　　　　王继业　萧　睿　张燕林　廖光煊　张云逢　张晋中
　　　　　　　薛宏建　廖正钢　吴鉴南　吴玉林　李东荣　刘　军
　　　　　　　李永新　孙建生　朱　霞　王剑华　蔡文海　王东军
　　　　　　　林　梁　陈　希　潘　鑫　冯太川　赵普平　徐程程
　　　　　　　李　明　叶　龙　高云龙　赵　普　李　坤　何子豪
　　　　　　　吴兆兵　张　健　梅家宇　程　平　王文利　刘海雄
　　　　　　　徐煌成　张　革　花　香　江　勇　易建军　戴继涛
　　　　　　　董　超　匡仲潇　危正龙　杜嘉诚　卢世煜　高　峰
　　　　　　　张　峰　于　千　张连强　赵姝帆　滕悦然

序言1

中国生产力促进中心协会策划、组织编写了《智慧城市实践系列丛书》(以下简称《丛书》),该《丛书》入选了原国家新闻出版广电总局的"十三五"国家重点出版物出版规划项目,这是一件很有价值和意义的好事。

智慧城市的建设和发展是我国的国家战略。国家"十三五"规划指出:"要发展一批中心城市,强化区域服务功能,支持绿色城市、智慧城市、森林城市建设和城际基础设施互联互通"。中共中央、国务院印发的《国家新型城镇化规划(2014—2020年)》以及国家发展和改革委员会、工业和信息化部、科技部等八部委印发的《关于促进智慧城市健康发展的指导意见》均体现出中国政府对智慧城市建设和发展在政策层面的支持。

《智慧城市实践系列丛书》聚合了国内外大量的智慧城市建设与智慧产业案例,由中国生产力促进中心协会等机构组织国内外近300位来自高校、研究机构、企业的专家共同编撰。该《丛书》注重智慧城市与智慧产业的顶层设计研究,注重实践案例的剖析和应用分析,注重国内外智慧城市建设与智慧产业发展成果的比较和应用参考。《丛书》还注重相关领域新的管理经验并编制了前沿性的分类评价体系,这是一次大胆的尝试和有益的探索。该《丛书》是一套全面、系统地诠释智慧城市建设与智慧产业发展的图书。我期望这套《丛书》的出版可以为推进中国智慧城市建设和智慧产业发展,促进智慧城市领域的国际交流,切实推进行业研究以及指导实践起到积极的作用。

中国生产力促进中心协会以该《丛书》的编撰为基础,专门搭建了"智慧城市研究院"平台,将智慧城市建设与智慧产业发展的专家资源聚集在平台上,持续推动对智慧城市建设与智慧产业的研究,为社会不断贡献成果,这也是一件十分值得鼓励的好事。我期望中国生产力促进中心协会通过持续不断的努力,将该平台建设成为在中国具有广泛影响力的智慧城市研究和实践的智库平台。

"城市让生活更美好,智慧让城市更幸福",期望《丛书》的编著者"不忘初心,以人为本",坚守严谨、求实、高效和前瞻的原则,在智慧城市的规划建设实践中,不断总结经验,坚持真理,修正错误,进一步完善《丛书》的内容,努力扩大其影响力,为中国智慧城市建设及智慧产业的发展贡献力量,也为"中国梦"增添一抹亮丽的色彩。

中国科学院院士
科技部原部长　徐冠华

序言2

中国正成为世界经济中的技术和生态方面的领导者。中国的领导人以极其睿智的目光和思想布局着全球发展战略。《智慧城市实践系列丛书》（以下简称《丛书》）以中国国家"十三五"规划的重点研究成果的方式出版，这项工程填补了世界范围内的智慧城市研究的空白，也是探索和指导智慧城市与产业实践的一个先导行动。本《丛书》的出版体现了编著者、中国生产力促进中心协会以及国际智慧城市研究院的强有力的智慧洞见。

中国为了保持在国际市场的蓬勃发展和竞争能力，必须加快步伐跟上这场席卷全球的行动。这一行动便是被称作"智慧城市进化"的行动。中国政府和技术研发与实践者已经开始了有关城市的变革，不然就有落后于其他国家的风险。

发展中国智慧城市的目的是促进经济发展，改善环境质量和民众的生活质量。建设智慧城市的目标只有通过建立适当的基础设施才能实现。基础设施的建设可基于"融合和替代"的解决方案。

中国成为智慧国家的一个重要因素是加大国有与私有企业之间的合作。其都须有共同的目标，以减少碳排放。一旦合作成功，民众的生活质量和幸福程度将得到很大的提升。

我对该《丛书》的编著者极为赞赏，他们包括国际智慧城市研究院院长吴红辉先生及其团队、中国生产力促进中心协会的隆晨先生。通过该《丛书》的发行，所有的城市都将拥有一套协同工作的基础，从而实现更低的碳排放、更低的基础设施总成本以及更低的能源消耗，拥有更清洁的环境。更重要的是，该《丛书》还将成为智慧产业及技术发展可参考的理论依据以及从业者可以借鉴的范本。

未来，中国将跨越经济、环境和社会的界限，成为一个智慧国家。

上述努力会让中国以一种更完善的方式发展，最终的结果是国家不断繁荣，中国民众的生活水平不断提升。中国将是世界上所有想要更美好生活的国家所参照的"灯塔"。

迈克尔·侯德曼

IEEE/ISO/IEC－21451－工作组成员
UPnP+－IoT,云和数据模型特别工作组成员
SRII－全球领导力董事会成员
IPC-2-17-数据连接工厂委员会成员
CYTIOT 公司创始人兼首席执行官

序言3

随着全球化的发展，新一代人工智能、5G、区块链、大数据、云计算、物联网等技术正改变着我们的工作及生活方式，大量的智能终端已应用于人类社会的各个场景。虽然"智慧城市"的概念提出已有很多年，但作为城市发展的未来形式，"智慧城市"面临的问题仍然不少，但最重要的是，我们如何将这种新技术与人类社会实际场景有效地结合起来。

从传统理解上看，人们认为利用数字化技术解决公共问题是政府机构或者公共部门的责任，但实际情况并不尽然。虽然政府机构及公共部门是近七成智慧化应用的真正拥有者，但这些应用近六成的原始投资来源于企业或私营部门，可见，地方政府完全不需要自己主导提供每一种应用和服务。目前，许多城市采用了构建系统生态的方法，通过政府引导以及企业或私营部门合作投资的方式，共同开发智慧化应用创新解决方案。

打造智慧城市最重要的动力来自政府管理者的强大意愿，政府和公共部门可以思考在哪些领域适当地留出空间，为企业或其他私营部门提供创新的余地。合作方越多，应用的使用范围就越广，数据的使用也会更有创意，从而带来更高的效益。

与此同时，智慧解决方案也正悄然地改变着城市基础设施运行的经济模式，促使管理部门对包括政务、民生、环境、公共安全、城市交通、废弃物管理等在内的城市基本服务提供方式进行重新思考。对企业而言，打造智慧城市无疑为其创造了新的机遇。因此，很多城市的多个行业已经逐步开始实施智慧化的解决方案，变革现有的产品和服务方式。比如，药店连锁企业开始变身成为远程医药提供商，而房地产开发商开始将自动化系统、传感器、出行方案等整合到其物业管理系统中，形成智慧社区。

未来的城市

智慧城市将基础设施和新技术结合在一起，以改善人们的生活质量，并加强他

们与城市环境的互动。但是，如何整合与有效利用公共交通、空气质量和能源生产等数据以使城市更高效有序地运行呢？

5G时代的到来，高带宽与物联网（IoT）的融合，都将为城市运行提供更好的解决方案。作为智慧技术之一，物联网使各种对象和实体能够通过互联网相互通信。通过创建能够进行智能交互的对象网络，各行业开启了广泛的技术创新，这有助于改善政务、民生、环境、公共安全、城市交通、能源、废弃物管理等方面的情况。

通过提供更多能够跨平台通信的技术，物联网可以生成更多数据，有助于改善日常生活的各个方面。

效率和灵活性

通过建设公共基础设施，智慧城市助力城市高效运行。巴塞罗那通过在整座城市实施的光纤网络中采用智能技术，提供支持物联网的免费高速Wi-Fi。通过整合智慧水务、照明和停车管理，巴塞罗那节省了7500万欧元的城市资金，并在智慧技术领域创造了47000个新的工作岗位。

荷兰已在阿姆斯特丹测试了基于物联网的基础设施的使用情况，其基础设施根据实时数据监测和调整交通流量、能源使用和公共安全情况。与此同时，在美国，波士顿和巴尔的摩等主要城市已经部署了智能垃圾桶，这些垃圾桶可以提示可填充的程度，并为卫生工作者确定最有效的路线。

物联网为愿意实施智慧技术的城市带来了机遇，大大提高了城市的运营效率。此外，各高校也在最大限度地发挥综合智能技术的影响力。大学本质上是一座"微型城市"，通常拥有自己的交通系统、小企业以及学生，这使其成为完美的试验场。智慧教育将极大地提高学校老师与学生的互动能力、学校的管理者与教师的互动效率，并增强学生与校园基础设施互动的友好性。在校园里，您的手机或智能手表可以提醒您课程的情况以及如何到达教室，为您提供关于从图书馆借来的书籍截止日期的最新信息，并告知您将要逾期。虽然与全球各个城市实践相比，这些似乎只是些小改进，但它们可以帮助需要智慧化建设的城市形成未来发展的蓝图。

未来的发展

随着智慧技术的不断发展和城市中心的扩展，两者的联系将更加紧密。例如，美国、日本、英国都计划将智慧技术整合到未来的城市开发中，并使用大数据技术来完善、升级国家的基础设施。

非常欣喜地看到，来自中国的智慧城市研究团队，在吴红辉院长的带领下，正不断努力，总结各行业的智慧化应用，为未来智慧城市的发展提供经验。非常感谢他们卓有成效的努力，希望智慧城市的发展，为我们带来更低碳、安全、便利、友好的生活模式！

中村修二　2014年诺贝尔物理学奖得主

前言 Preface

  我国人口老龄化问题严重,智慧养老作为新型的养老模式,对推动我国养老工作的发展有重要意义,近年来得到了越来越多的重视与关注。2012年,全国老龄工作委员会办公室首先提出"智能化养老"的理念,鼓励支持我们开展智慧养老的实践探索。2015年,国务院印发《关于积极推进"互联网+"行动的指导意见》,明确提出要"促进智慧健康养老产业发展"。《智慧健康养老产业发展行动计划(2017—2020年)》提出我国计划在5年内建设500个智慧健康养老示范社区,同时,开展智慧健康养老产品及服务推广目录的申报工作。

  目前,我国的养老服务模式主要依靠传统的家庭、机构和社区。一般情况下,子女由于工作、生活等压力,无法为父母提供全面的养老服务,家庭养老发挥的作用还是有限的;机构养老面临资金投入不足、养老床位紧缺以及专业人员缺乏等问题;而社区养老也由于传统意识束缚、社会资源整合度低等因素,服务效果尚未最大限度地发挥出来。

  随着老龄化程度的加深,传统的养老模式已无法适应当前的养老服务形势,而寻求一种新型的多元复合治理手段以解决老年人的多层次需求成为必然趋势。"互联网+"时代的来临为养老产业注入新的活力。

  智慧养老让养老服务更加便捷、更加个性化及人性化。它实现了老人在家即可享受紧急救助、商品购买、健康管理、就医等服务,同时为机构养老、地产养老等多种养老领域提供高效的管理及多样化的服务,促进了养老服务业的快速发展。

  基于此,我们从理论、政策、专业、实用性几个方面着手编写了《智慧养老实践》一书。本书供从事智慧养老实践的机构、智慧养老设备提供商、智慧养老方案提

供商、相关从业人员、养老机构负责人参考。

  本书在编辑整理的过程中,获得了养老机构、智慧养老方案提供商、设备供应商等一线工作人员的帮助和支持,在此对他们的付出表示感谢!同时,由于编者水平有限,本书中的疏漏之处在所难免,敬请读者批评指正。

目 录

第一篇 理论篇

第1章 智慧养老的概述 ·· 3

    1.1 智慧养老的定义 ·· 4

    1.2 智慧养老的特点 ·· 4

        1.2.1 大数据收集存储 ································ 4

        1.2.2 需求发现与智慧化决策 ·························· 5

        1.2.3 服务从供给端精准投放到需求端 ·················· 5

    1.3 智慧养老的未来趋势 ···································· 5

        1.3.1 服务产品人性化 ································ 5

        1.3.2 健康管理结合线下 ······························ 6

        1.3.3 医养结合 ······································ 6

第2章 不同的养老模式对智慧养老的需求及应用场景 ·············· 7

    2.1 机构养老 ·· 8

        2.1.1 主要的应用场景 ································ 8

        2.1.2 体现智慧化的领域 ······························ 9

    2.2 社区养老 ·· 9

        2.2.1 社区养老的主要内容 ···························· 10

  2.2.2 社区养老的特点 ……………………………………………………10
  2.2.3 社区养老服务 ……………………………………………………10
  2.2.4 社区养老系统的组成 ……………………………………………10
  2.2.5 社区养老的缺点及应对措施 ……………………………………11
  2.2.6 社区养老的社会化 ………………………………………………12
 2.3 居家养老 …………………………………………………………………12
 2.4 旅居养老 …………………………………………………………………12
  2.4.1 旅居养老的现状 …………………………………………………13
  2.4.2 旅居养老智慧化的必要性 ………………………………………13

第3章 实现智慧养老的关键技术 …………………………………………15

 3.1 物联网技术 ………………………………………………………………16
  3.1.1 什么是物联网 ……………………………………………………16
  3.1.2 物联网的体系架构 ………………………………………………16
  3.1.3 物联网技术在空巢老年人的生活与健康服务中的应用 ………17
  3.1.4 物联网技术在居家养老护理中的应用 …………………………19
  3.1.5 物联网技术在机构养老护理中的应用 …………………………20
  3.1.6 物联网技术在养老社区中的应用 ………………………………21
 3.2 "互联网+"技术 …………………………………………………………22
  3.2.1 何谓"互联网+"技术 ……………………………………………22
  3.2.2 "互联网+"技术在养老中的应用 ………………………………22
  3.2.3 "互联网+"养老服务模式 ………………………………………25
  3.2.4 "互联网+"养老产业的新路径 …………………………………26
 3.3 定位技术 …………………………………………………………………27
  3.3.1 老年人日常监护中存在的问题 …………………………………27
  3.3.2 GPS技术在老年人护理中的应用 ………………………………28
  3.3.3 室内定位技术的发展与效果 ……………………………………28
  3.3.4 ZigBee定位技术及社区无线定位系统 …………………………30
  3.3.5 RFID定位技术及社区无线定位系统 …………………………32
 3.4 云计算技术 ………………………………………………………………34
  3.4.1 云计算的功能 ……………………………………………………34

  3.4.2 云计算的服务模式 ·· 34
  3.4.3 云计算的服务类型 ·· 36
  3.4.4 云计算在养老中的应用 ·· 36
 3.5 **大数据技术** ·· 39
  3.5.1 何谓大数据 ··· 39
  3.5.2 大数据技术在养老方面的作用 ··································· 41
 3.6 **可穿戴设备** ·· 42

第二篇 路径篇

第4章 社区居家养老的智慧化建设 ································ 47

 4.1 **智慧养老的发展现状与存在的问题** ······························ 48
  4.1.1 智慧养老的发展现状 ··· 48
  4.1.2 智慧养老存在的问题 ··· 48
 4.2 **智慧养老的发展对策** ·· 50
  4.2.1 积极推动养老服务信息化的标准建设 ························· 50
  4.2.2 进行顶层设计，建立智慧养老服务体系 ····················· 50
  4.2.3 加大优质智慧养老项目的推广力度 ··························· 51
  4.2.4 加大人才引进及专业团队建设 ································· 51
  4.2.5 政府加大扶持力度，推动产业发展 ··························· 51
 4.3 **社区居家养老概述** ··· 52
  4.3.1 开展社区居家养老的现实意义 ································· 52
  4.3.2 社区居家养老的概念 ··· 53
  4.3.3 社区居家养老服务的对象 ······································· 53
  4.3.4 社区居家养老服务的内容 ······································· 54
  4.3.5 社区居家养老服务的项目及模式 ······························ 54

4.4 社区居家养老服务平台的架构设计 … 55

4.5 居家养老服务呼叫中心平台 … 57
    4.5.1 居家养老服务呼叫中心的层次架构 … 57
    4.5.2 通信系统组网结构 … 59
    4.5.3 云呼叫中心应具备的特性 … 60
    4.5.4 云呼叫中心的主要功能 … 62
    4.5.5 家用老年人一键呼叫器 … 66

4.6 居家养老服务系统建设 … 67
    4.6.1 居家养老服务系统的架构 … 67
    4.6.2 居家养老服务系统的功能介绍 … 68
    4.6.3 智能终端 … 71

4.7 居家养老服务商城 … 71
    4.7.1 PC端居家养老服务商城 … 72
    4.7.2 手机微信端居家养老服务商城 … 74

4.8 居家养老服务商管理系统 … 76
    4.8.1 服务商加盟平台管理系统 … 76
    4.8.2 服务商配送及服务管理系统 … 77
    4.8.3 社工服务管理系统 … 79
    4.8.4 志愿者服务管理系统 … 82

4.9 居家养老服务系统的安全 … 83
    4.9.1 安全管理模型 … 83
    4.9.2 安全对策 … 84

第5章 养老机构管理系统的建设 … 89

5.1 养老机构管理系统的需求及分析 … 90
    5.1.1 传统的养老机构管理系统 … 90
    5.1.2 针对养老机构的物联网应用分析 … 91

5.2 养老机构管理系统的构成 … 92

5.3 养老机构管理系统的功能设计 … 93
    5.3.1 业务管理功能 … 93

5.3.2 看护管理功能 ·············97

5.4 养老机构管理系统的软件设计 ·············100
- 5.4.1 系统软件功能及架构设计 ·············100
- 5.4.2 系统软件数据库的设计与实现 ·············103

5.5 养老机构智慧管理系统的硬件 ·············109
- 5.5.1 腕表 ·············109
- 5.5.2 读写器 ·············109
- 5.5.3 无线数据中继器 ·············110
- 5.5.4 监控计算机 ·············110
- 5.5.5 服务器 ·············111

5.6 生命体征监测系统 ·············111
- 5.6.1 应用价值 ·············111
- 5.6.2 系统组成 ·············112
- 5.6.3 生命体征监测系统的功能 ·············113

5.7 养老机构的定位系统 ·············114
- 5.7.1 养老机构建立定位系统的必要性 ·············114
- 5.7.2 养老机构室内定位系统的系统架构 ·············115
- 5.7.3 养老机构定位系统的软件功能 ·············123

第6章 智慧旅居养老 ·············125

6.1 智慧旅居养老概述 ·············126
- 6.1.1 何谓智慧旅居养老 ·············126
- 6.1.2 智慧旅居养老的可行性 ·············126

6.2 旅居养老模式 ·············127
- 6.2.1 资源享老模式 ·············127
- 6.2.2 文化艺术旅居享老模式 ·············127
- 6.2.3 运动旅居享老模式 ·············128
- 6.2.4 医疗康体旅居享老模式 ·············129

6.3 如何开展智慧旅居养老 ·············129
- 6.3.1 利用养老机构管理系统，提供个性化的旅居养老服务 ·············129
- 6.3.2 与医疗机构建立合作关系，开展医养结合的旅居养老 ·············130

6.3.3 利用云计算技术，搭建养老机构的智慧养老信息化平台……130

6.4 旅居养老管理平台……130

6.5 旅居养老服务平台……131

 6.5.1 旅居养老服务平台的特点……132

 6.5.2 旅居养老服务平台的构成……132

第7章 医养结合的系统建设……135

7.1 何谓医养结合……136

 7.1.1 对医养结合的认识……136

 7.1.2 "医养结合"概念的形成……137

 7.1.3 医养模式……138

 7.1.4 推进医养结合项目……141

7.2 建设医养结合平台……142

 7.2.1 建设医养结合平台的目的……142

 7.2.2 医养结合管理系统的模块介绍……143

第8章 大数据平台助力智慧养老……145

8.1 养老大数据的特征……146

 8.1.1 养老大数据的特征与内涵……146

 8.1.2 养老大数据的内涵……147

8.2 建设"互联网+大数据"平台的意义……149

 8.2.1 对政府的意义……149

 8.2.2 对企业的意义……149

 8.2.3 对公众的意义……149

8.3 建设养老大数据平台的需求分析……150

 8.3.1 养老大数据平台解决数据不互联互通、信息不共享的问题……150

 8.3.2 养老大数据平台解决养老数据采集难的问题……150

 8.3.3 养老大数据平台的数据支撑……150

 8.3.4 养老大数据平台为老年人提供服务……151

 8.3.5 养老大数据平台的数据开放服务……151

8.4 养老大数据平台的组成部分 ……………………………………… 151
  8.4.1 信息基础设施层 ………………………………………… 152
  8.4.2 信息数据资源层 ………………………………………… 152
  8.4.3 信息服务平台层 ………………………………………… 153
  8.4.4 信息应用系统层 ………………………………………… 154
  8.4.5 信息交互展现层 ………………………………………… 155
  8.4.6 标准规范评价体系 ……………………………………… 155
  8.4.7 信息安全保障体系 ……………………………………… 155
8.5 建设养老大数据平台的方案 ……………………………………… 157
  8.5.1 养老大数据共享与交换平台 …………………………… 157
  8.5.2 养老大数据采集平台 …………………………………… 158
  8.5.3 养老大数据信息资源库 ………………………………… 160
  8.5.4 养老大数据综合服务平台 ……………………………… 165
  8.5.5 养老大数据开放平台 …………………………………… 166
  8.5.6 养老服务综合数据分析系统 …………………………… 169

第三篇 案例篇

第9章 大生智慧养老健康管理平台 ……………………………… 175
9.1 建设目标 …………………………………………………………… 176
9.2 智慧养老健康服务体系 …………………………………………… 177
9.3 大生智慧开放型的健康管理模式 ………………………………… 178
9.4 大生健康养老生活 ………………………………………………… 178
9.5 老年健康服务工作站 ……………………………………………… 179
9.6 健康云管理平台 …………………………………………………… 180

9.7 电子商务平台 ……………………………………………………… 180
    9.7.1 建设概要 ………………………………………………… 181
    9.7.2 活动导航 ………………………………………………… 182
    9.7.3 药理知识 ………………………………………………… 182
    9.7.4 会员中心 ………………………………………………… 183
    9.7.5 积分商城 ………………………………………………… 183
    9.7.6 动态导购 ………………………………………………… 183
    9.7.7 商城团购 ………………………………………………… 184
    9.7.8 VIP网上会员业务 ………………………………………… 185

9.8 E-Learning系统——云学习平台 ……………………………… 185

9.9 开放的内外部运营管理云服务平台 …………………………… 186

参考文献 ……………………………………………………………… 189

第一篇 理论篇

第1章 智慧养老的概述

第2章 不同的养老模式对智慧养老的需求及应用场景

第3章 实现智慧养老的关键技术

第1章 智慧养老的概述

　　智慧养老旨在利用先进的IT技术手段，研发面向居家老年人、社区及养老机构的传感网系统与信息平台，并在此基础上提供实时、快捷、高效、低成本的，物联化、互联化、智能化的养老服务。智慧养老是指融合应用医疗健康的电子、物联网、云计算、大数据、移动互联网等信息技术和产品，通过采集和分析人体体征、居家环境等数据，实现家庭、社区医疗机构、健康服务机构、养老服务机构、专业医疗机构间的信息互联互通和分析处理，从而实现数字化、网络化、智能化的健康养老模式。

1.1 智慧养老的定义

"智慧养老"最早由英国生命信托基金会提出,也被人们称为"全智能老年系统",是一种打破时间和空间的限制,为老年人提供高质量的养老服务。智慧养老的具体涵义主要包括智慧助老、智慧用老和智慧孝老三个方面。

(1) 智慧助老

智慧助老是指利用信息技术等现代化的科学技术帮助老年人。

(2) 智慧用老

智慧用老是指利用好老年人的经验智慧,帮助老年人实现人生的第二个"青春"。

(3) 智慧孝老

智慧孝老是指养老的全面应用,这些应用包含供老、料老、伴老、顺老、敬老、耐老、祭老、防啃老、防扰老共 9 个智慧支持模块。

1.2 智慧养老的特点

与传统养老模式相比,智慧养老主要有以下特点。

1.2.1 大数据收集存储

传统养老产业是粗放型的,没有精准的服务投放策略,各类服务对象不明确,忽略了目标群体的实际需求。而智慧养老产业利用现代"互联网+"和物联网技术,可以做到量化、连续化、智能化地采集数据,为智慧化分析工作提供源源不断的第一手资料。

1.2.2 需求发现与智慧化决策

传统养老产业供给方式是先有需求模型,再定义目标对象群体,最后输送大量供给。这种方式导致了服务供需之间缺乏市场化的优胜劣汰机制和差异化的服务策略,定制化程度不高,种类较为单一。而智慧养老产业通过"互联网+"和大数据的模式对海量数据进行分析,挖掘市场的潜在需求,起到引领市场的作用,达到"精准决策"的目的。

1.2.3 服务从供给端精准投放到需求端

传统养老产业的人力资源问题严重,行业内缺少专业的服务人员。而智慧养老产业利用先进的科学技术,解决了养老市场人力资源匮乏的问题。传统养老模式与智慧养老模式特征的对比见表1-1。

表1-1 传统养老模式与智慧养老模式特征的对比

特征对比	传统养老模式	智慧养老模式
大数据收集存储	粗放型,没有精准服务投放策略	"互联网+"和物联网技术可以做到量化、连续化、智能化地采集数据
需求发现与智慧化决策	先有需求模型,再定义目标对象群体	挖掘市场的潜在需求,引领市场
服务从供给端精准投放到需求端	人力资源问题严重	机器人服务养老事业

1.3 智慧养老的未来趋势

1.3.1 服务产品人性化

目前,我国老年空巢家庭率已达50%以上,大中城市高达70%,空巢现象直

接导致了老年人精神上缺乏归属感。老年人的养老需求不仅包括物质生活方面，还包括医疗护理、精神慰藉、自我尊重和价值实现等方面。而现阶段，我国的养老服务还难以满足老年人对其多样化的需求。目前，我们对老年人的需求了解较少，往往注重老年人物质和医疗护理方面，而忽视了他们对精神慰藉方面的需求。未来，我国智慧养老的服务产品将更趋向于人性化及个性化。

1.3.2　健康管理结合线下

根据中国老龄科学研究中心的需求调查情况，老年人对于上门看病的服务需求最高，达55.4%；其次是聊天服务的需求达39%，护理需求为30.5%。现阶段的养老服务较少提供上门医疗服务。目前健康管理平台仍以线上咨询为主，还不能形成良好的互动模式，老年群体对互联网医疗产品的认同度还停留在较低阶段。而老年群体对上门问诊模式的认可度较高，这主要在于老年人对医生本身的依从性，并且医生可以将这种依从的影响力传递给平台，进而使其将依从发展为认同。因此，以"平台＋医生＋患者＋检测硬件"为切入点的互动模式将更具价值。

1.3.3　医养结合

医养结合是集医疗、护理、康复和基础养老设施、生活照料、无障碍活动为一体的养老模式，其优势在于能够打破一般医疗和养老的分离状态，为老年人提供及时、便利、精准的医疗服务，并最终将医疗服务、生活照料服务、健康康复服务等整合在一起，以满足老年人的整体养老需求。

第2章

不同的养老模式对智慧养老的需求及应用场景

　　随着老龄化程度的加深,传统的养老模式已无法适应当前的养老服务形势,而寻求一种新型的、多元复合的治理手段来解决老年人的多层次需求成为必然趋势。"互联网+"时代的来临为养老产业注入新的活力。

2.1 机构养老

机构养老的主体是养老机构。智慧养老的核心是养老机构的信息化建设（包括软件管理系统以及相关的智能化设备），养老机构通过信息化建设优化管理流程，提高服务质量。

2.1.1 主要的应用场景

智慧养老系统主要包括五个应用场景，具体如图2-1所示。

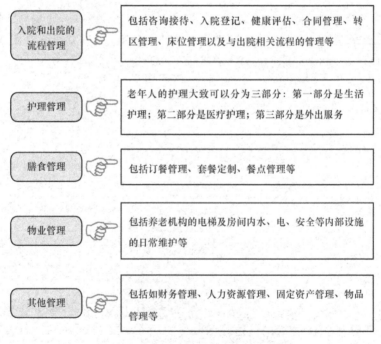

图2-1 智慧养老系统主要的应用场景

2.1.2 体现智慧化的领域

智慧养老系统可以体现智慧化的领域有三个方面,具体见表2-1。

表2-1 智慧养老系统体现智慧化的领域

序号	智慧化领域	说明	
1	管理流程自动化	通过一卡通系统,使入院、出院、日常护理、费用查询和支付更加方便	
2	家属沟通便捷化	借助互联网和移动互联网,家属能够了解老年人的日常护理、各种检查报告、费用等情况,该领域通过可视通话技术实现家属的远程探视等功能	
3	护理智能化	健康数据自动化管理,各种测量数据智能化管理	① 引入智能测量设备,该设备在测量前,扫描老年人的条码,测量完成后,测量数据将被该设备自动上传到系统中,家属可以通过网站或者手机App查询对应的数据; ② 对于血常规等其他需要医疗机构专业设备测量的数据,测量完成后,系统和对应医疗机构系统联动,自动获取相关的测量报告,供医生、家属及相关人员查询; ③ 其他如用药情况、饮食情况、运动情况等数据的自动化管理
		定位预警系统	通过定位技术捕捉老年人的位置信息,当老年人出现异常情况时,可自动报警,同时老年人也可以通过携带的定位设备进行自主求助。定位预警系统通过和视频会议系统的联动可以进一步提升应急处理能力
		环境监测系统	通过环境监测设备动态地监测老年人的房间以及公共场所的温湿度、空气质量等数据,联动空气净化器、空调、加湿器等设备,给老年人提供舒适的室内环境

2.2 社区养老

社区养老是指以家庭为核心,以社区为依托,以老年人日间照料、生活护理、

家政服务和精神慰藉为主要内容,以上门服务和社区日托为主要形式,并引入养老机构的居家养老服务体系。

2.2.1　社区养老的主要内容

社区养老的主要内容如下:
① 举办养老、敬老、托老福利机构;
② 设立老年人购物中心和服务中心;
③ 开设老年人餐桌和老年人食堂;
④ 建立老年医疗保健机构;
⑤ 建立老年活动中心;
⑥ 设立老年婚介所;
⑦ 开办老年学校;
⑧ 设立老年人才市场;
⑨ 开展老年人法律援助、庇护服务等。

2.2.2　社区养老的特点

社区养老的特点在于:老年人住在自己家里,在继续得到家人照顾的同时,社区的有关服务机构和相关人员为老年人提供上门服务或托老服务。

2.2.3　社区养老服务

社区养老服务是通过政府扶持、社会参与、市场运作,逐步建立以家庭养老为核心,社区服务为依托,专业化服务为依靠,向居家老年人提供生活照料、医疗保健、精神慰藉、文化娱乐等的一种服务。

2.2.4　社区养老系统的组成

社区养老系统由智能平台软件和通信终端设备组成,智能平台软件实现信息交换和记录功能,通信终端实现呼叫功能。

2.2.5 社区养老的缺点及应对措施

（1）社区养老的缺点

第一，过去的社区养老主要以政府为主导，几乎不营利，因此养老服务比较单一，一般只提供场地或一些简单的健身器材。但随着社会的发展，单一的养老服务已不能满足老年人日益多样化的需求。

第二，许多社区养老机构的管理系统不"智慧"，没有建立起以互联网为支撑的社区养老服务平台，社区养老机构、社区医院、政府养老部门及家政公司各自为政，交流合作程度低，区域内的养老资源没有得到有效的利用和整合，导致社区养老机构运行成本增加。

（2）社区养老的对策——医养结合社区养老模式将成为主流

医养结合社区养老模式以社区、家庭为主，康复、医疗、保险服务与其配合，政府倡导，社会参与，多方投资。社区养老机构如何做到各个部门紧密相连、环环相扣，真正给老年人提供无缝隙的专业养老服务呢？这就需要社区养老机构引进专业的社区养老管理系统和医养结合管理系统。

首先，医养结合社区养老服务平台立足于云端，结合移动互联网等科技手段，将社区老年人的电子病历、各项身体指标数据、兴趣爱好等信息上传到大数据云平台，该平台统计完成后，分析出不同类型的养老需求，如护理型、助养型和居养型等，然后养老机构再根据老年人的不同需求提供全方位、多层次、一体化的智慧养老方案。

其次，社区养老机构可以利用社区养老管理系统，将所在区域内的社区医院、政府养老部门及家政公司的所有资源进行整合。社区养老机构可结合政府养老部门发布的最新政策信息，帮助社区内最低生活保障家庭、最低生活保障边缘家庭中的失能、失智、高龄、独居、重度残疾的老年人和计划生育特殊家庭的老年人，申请入住政府投资设立的养老机构，实现社区互联网医疗的管理。社区养老机构与家政公司形成合作关系，定期给社区的老年人提供家政养老服务，探索打造20分钟社区养老服务圈。

最后，社区养老机构需要充分利用医养结合管理系统，构建社区老年人的健康档案，利用远程健康监控平台和可佩戴移动设备监测社区老年人的身体状况，通过移动医护系统，及时通知社区医院上门为社区老年人提供诊疗护理，并为需要转诊的老年人提供便捷的分级诊疗服务。

2.2.6 社区养老的社会化

社区养老的社会化包括以下三个方向。

（1）呼叫中心系统＋定位监测系统

市级或者区级政府建立呼叫中心系统，并提供统一的呼入号码。老年人可以通过呼叫中心系统申请养老服务、家政服务、健康咨询、送水送餐、订票、就医预定、法律维权、心理咨询等各类社会化服务；通过紧急呼叫系统或者腕表等设备，老年人在发生危险或者摔倒后，这些设备会自动发出报警，呼叫中心接警后会自动拨打急救电话，并将预存的老年人档案发给医疗机构。

（2）远程医疗系统

远程医疗系统可监测老年人的身体状况，医护人员根据监测信息给出治疗意见。

（3）智能家居系统

智能家居系统可监测居家环境并自动控制家电的运行状态，给老年人提供更加舒适的居住环境。

2.3 居家养老

居家养老是社区养老的一种特殊方式，社区养老＝居家养老＋社会化上门服务。老年人自理能力强，家人有时间照顾，基本不需要社会化上门服务，此时就可以居家养老了。

2.4 旅居养老

旅居养老是"候鸟式养老"和"度假式养老"的融合体，与普通旅游的走马观花、行色匆匆不同，选择"旅居养老"的老年人一般会在一个地方住上十天半个月甚至数月，慢游细品，开阔视野。

2.4.1 旅居养老的现状

随着我国人口老龄化的快速发展和物质生活水平的提高，人们对"健康、愉快、长寿"的欲望越来越强烈，而单纯的养生已难以满足人们对高品质生活的追求，传统养老模式也不能满足健康活力型老年人的多元化养老需求。目前，旅居养老已经成为一种时尚的生活方式。且随着我国老龄化进程的加快，旅居养老将会拥有更大的市场。

2.4.2 旅居养老智慧化的必要性

旅居养老是由养老观念、养老方式转变产生的一种新养老模式，该模式折射出来的是社会物质文明和精神文明的进步。随着"互联网+"时代的发展，旅居养老将受到越来越多的老年人追捧，市场潜力巨大。

第3章

实现智慧养老的关键技术

　　物联网、互联网、云计算、大数据等技术与养老服务相结合,使养老服务更加便捷,更加个性化及人性化。智慧养老实现了老年人在家即可享受紧急救助、商品购买、健康管理、就医等服务,同时为机构养老、社区养老等养老领域提供高效的管理及多样化的服务,促进了养老服务业的快速发展。

3.1 物联网技术

3.1.1 什么是物联网

物联网是基于互联网等传统信息载体，通过各类感知设备，全面获取环境、设施、人员信息并进行自动化处理，以实现"人—机—物"融合一体、智能管控的互联网络。

3.1.2 物联网的体系架构

物联网的体系架构如图3-1所示。

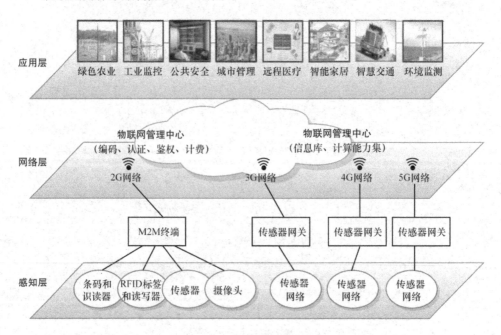

图3-1 物联网的体系架构

3.1.2.1 感知层

感知层相当于人体的皮肤和五官，主要识别物体、采集信息。

感知层要解决的重点问题是感知、识别物体，通过射频识别（Radio Frequency IDentification，RFID）标签、传感器、智能卡、识别码、二维码等大规模、分布式地采集信息，并进行智能化识别，最后通过接入设备将获取的信息与网络中的相关单元进行资源共享与交互。

3.1.2.2 网络层

网络层相当于人体的神经中枢和大脑，负责传递和处理信息。网络层作为纽带连接着感知层和应用层，由私有网络、互联网、有线通信网、无线通信网组成。

3.1.2.3 应用层

应用层相当于人的社会分工，与行业需求相结合，实现广泛的智能化，是物联网与行业专用技术深度融合的产物。

应用层完成信息的分析处理和决策，以及特定的智能化应用和服务等任务，以实现物与物、人与物之间的识别与感知。

3.1.3 物联网技术在空巢老年人的生活与健康服务中的应用

物联网技术打破了时间和空间的限制，给老年人的生活与护理带来了全新的、革命性的变化。下面从智能化识别、远程监护、生活助理等方面，阐述了物联网技术在空巢老年人的生活与健康服务中的应用。

3.1.3.1 智能医药箱

智能医药箱由传感器、无线通信、RFID阅读器、控制系统、人—机交互等模块和箱体组成。传感器模块提供可用于测量体温、心率、血压的常规传感器，还可根据需要选配其他的专用传感器。无线通信模块将传感器模块采集的体征信息传送到医院或社区护理中心，减少了老年人的体力和经济支出。老年人在医院就诊后，医生所开的每一种药品均被配上一个RFID标签，标签中除了包括药品名称、用法、用量和服用时间外，还包括检测体征和下次复诊的时间、要求等医嘱信息。老年人回家后，将RFID标签和药品放入智能医药箱中，RFID阅读器

读取并存储 RFID 标签中的信息。当到达医生要求的服药或检测时间时，智能医药箱发出语音通知，同时人—机交互屏幕上显示要服用的药品名称、用法用量或检测体征项目等信息。老年人拿取药品后，RFID 阅读器可再次读取药品所附的 RFID 标签，如果老年人拿错药，则智能医药箱给予提醒。

3.1.3.2 远程看护系统

远程看护系统是一种针对老人、小孩等特殊人群日常生活的实时视频远程观看，提供智能电视互动体验的新型系统。养老机构或家庭借助无线网络摄像机和传感器可建立远程看护系统，该系统解决了子女和社区不能及时了解老年人状况的难题。远程看护系统包括网络摄像机、各种无线传感器、报警系统、控制系统和客户端等。

网络摄像机可以被安装在老年人的居住场所。网络摄像机可以支持单向或者双向语音和视频交互。远程看护系统包括烟雾、红外、煤气、CO、温度等传感器。

摄像机和传感器采用无线方式与控制系统通信，减少了传统有线监控方式在线路施工上的困难。控制器将现场采集的视频图像、语音信息及其他数据进行数字压缩后，将其存储到本地并通过网络传输到系统中。老年人的子女和社区服务人员通过身份验证后，就可以在任何地点通过客户端（网络浏览器）了解老年人当前的生活和居所状况。当发生盗窃、煤气泄漏、火灾等安全事故时，报警系统可以与警方报警系统联动，及时发出报警信号。

3.1.3.3 智能食品采购系统

老年人年迈体弱，有时老人采购米、面等较重物品时会比较困难。构建智能食品采购系统有助于为老年人解决生活中的这一难题。智能食品采购系统分为智能冰箱、智能米桶和超市采供系统等子系统。

智能冰箱内置了 RFID 阅读器、处理器和触摸显示器等部件。RFID 阅读器首先读取食品的 RFID 标签，获知其品名、数量和保质期，然后将其传送到显示器，最后，显示器上显示这些食品信息。智能冰箱系统根据冰箱中的食材，从内置菜谱和营养学的角度推荐相关菜谱。老年人也可通过触摸显示器查询食品的烹饪方法。

智能米桶带有防蛀和防霉功能，不仅可以根据老年人的需要自动计量出大米，还可以自动显示米桶中剩余大米的总量。

当食品的数量不足时，智能冰箱和智能米桶可根据老年人的需要自动向超市采供系统发出采购信息，超市供货人员收到信息后主动将食品送到老年人家中。

3.1.3.4 空巢老年人生活与健康服务体系

如图 3-2 所示，除了上面介绍的几种系统外，养老机构利用物联网技术还可以设计老年人防走失系统、智能护理系统等多种系统。在政府、社区、医院、企业和家庭等多方的共同努力下，我们可以进一步构建起空巢老年人生活与健康服务体系。

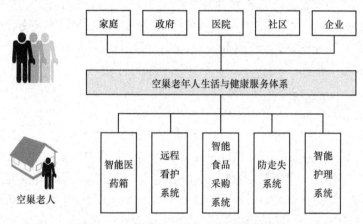

图3-2 空巢老年人生活与健康服务体系

3.1.4 物联网技术在居家养老护理中的应用

美国是最早进入老龄化社会的国家，也是使用物联网技术的先行国家，因此，在居家养老方面，美国最早使用机器人与视频技术、RFID 技术。最初的机器人顶部装载摄像机，依靠机器人的室内可移动性和摄像机的可拍、可视性，将获得的图像通过转换器、ZigBee 技术处理后，再通过互联网发送到子女的手机上，方便他们查看老年人的生活起居情况。现在的机器人除监护功能外，还具有抱起老年人、支撑老年人自己走路、帮助老年人排泄、看管阿尔茨海默病病人等功能。

日本是最早将物联网技术应用于生活领域的国家，早在 20 世纪 80 年代，日本就将芯片技术用于各种遥控器中方便人们的居家生活，如无线电视遥控器、无线幕布控制器、无线调光器等。近年来，日本将物联网与互联网对接，对老年人的居家护理开展远程监控。

2010 年，南京启动"南大苏福特——国际商用机器公司（IBM）智慧养老"

项目，率先引进了物联网技术，如在老年人房间地板中植入电子芯片、在灶台上安装温度传感器、在厨房安装无线烟雾探测器等，并在南京市鼓楼区全面开始试点工作。

3.1.5 物联网技术在机构养老护理中的应用

发达国家的养老机构大多为"医护型"的专业养老机构，集医护、养老为一体，其物联网技术的应用得益于医学物联网的发展。现代医学物联网在患者、医务人员、医疗设备的管理，用血安全、医药供应、医疗废物处置、信息收集与管理、呼救等专业领域无处不在。

3.1.5.1 老年人健康监测

物联网技术对人的健康监测最早出现在美国士兵使用的单兵生命体征监测（Warfighter Physiological Status Monitoring，WPSM）系统，美国用它收集士兵的体温、血压、呼吸、承受压力的情况、睡眠情况、所能承受的工作强度等生命体征信号，将士兵的身体信息及时报告给指挥官。20世纪60年代，美国进入老龄化社会，大批的"医护型"养老机构应运而生，各城市的养老机构大多以"安乐居"而命名。

3.1.5.2 老年人的定位与跟踪

20世纪90年代中期，美国的医院和安乐居通过物联网技术对院内的患者进行定位与跟踪，使得医院和安乐居的床位利用率从原来的50%提高到85%以上。德国新维德的约瑟夫埃克笔老年人护理中心配备了Wi-Fi实时定位系统，被监护对象只需戴上相应的Wi-Fi腕带设备（它防水，带双色LED信号灯和呼叫按钮，除了个人的报警触发紧急开关外，工作人员配备的B4Wi-Fi寻呼机还可以接收警报以发现事故和被监护对象的位置），养老机构通过腕带跟踪与管理被监护对象，大大地减轻了护理人员的劳动强度，提高了养老机构的工作效率。

3.1.5.3 老年人生活环境的远程监控

老年人生活环境远程监控系统包括网络摄像机、各种无线传感器、报警系统、控制系统和客户端等。老年人的居住场所内可以安装网络摄像机。网络摄像机可以支持单向或双向语音和视频交互，帮助医护人员及时了解老年人的生活和病症状态，并将现场采集的视频图像、语音信息及其他数据经过数字压缩后，将其存储到本地并通过网络进行传输。

3.1.6 物联网技术在养老社区中的应用

养老社区是专门为老年人建造的生活设施齐全、公用设施（如医院）配套完善的社区。它是供老年人集中居住及生活的场所，由专业机构进行服务和运营，并提供住户医疗保健、文化娱乐等全方位服务以满足老年人基本的生活保障。

养老社区比其他居住社区更复杂。养老社区除具备一般居住设施外，还需具备包括医疗护理、文化娱乐、生活服务等适宜老年人需求的特殊室内设施、配套设施和室外环境空间。养老社区还要根据老年人的生理特征和生活需要，提供无障碍的居住环境、活动空间和求助系统。

养老社区智慧化系统建设要突出适用、安全、便捷、节能、舒适、现代化、数字化、智能化的特点。

物联网技术在实时跟踪老年人的活动轨迹，分析老年人的肢体活动特征，为老年人提供便捷的通行方式和便利的服务方面显得尤为重要。

物联网技术的显著应用体现在两个方面，具体见表3-1。

表3-1 物联网技术的显著应用

物联网技术的应用点	功能规划	说明
人身安全监护	人员定位	社区配置无线覆盖系统，每个老年人身上佩戴无线信号接收和发射装置，老年人在社区内的活动将被系统实时定位跟踪，方便老年人在需要帮助时，工作人员能找到他们的位置
	异常报警/求助	老年人感觉身体不适时，可通过随身佩戴的设备（紧急按钮）发送信息到监控中心，监控中心通过无线定位系统联动就近的摄像机，查看老年人的状况并迅速派人处理
生活便利	一卡通	老年人使用一卡通开启门厅、电梯和门锁，还可使用一卡通在社区刷卡消费，免去携带现金的麻烦

3.2 "互联网+"技术

3.2.1 何谓"互联网+"技术

"互联网+"就是指以互联网为主的一整套信息技术(包括移动互联网、云计算、大数据技术等)在经济、社会生活中的扩散、应用过程。"互联网+"的本质是传统产业的在线化、数据化。"互联网+"技术应用的前提是互联网作为一种基础设施被广泛安装。

"互联网+"中的"+"可以看作是连接与融合,互联网与传统企业之间的所有部分都包含在这个"+"中。在技术上,"+"所指的可能是 Wi-Fi、4G 等无线网络,移动互联网的基于位置的服务(Location Based Services,LBS),传感器中的各种传感技术,场景消费中成千上万的消费,人工智能中的人—机交互,3D 打印中的远程打印技术,生产车间中的工业机器人,工业 4.0 中的智能工厂、智能生产与智能物流等。

"互联网+"模式在第三产业的全面应用形成了诸如互联网金融、互联网交通、互联网医疗、互联网教育、互联网农业等新业态,而且正在向第一和第二产业渗透。

3.2.2 "互联网+"技术在养老中的应用

"互联网+社区居家养老服务"发展战略的核心是整合互联网和养老服务业,以信息流带动养老服务,创造智能养老产业的新业态。"互联网+"将互联网、物联网和移动通信网三网融合,并与社区居家养老服务有机结合,充分发挥互联网的集成和优化作用,促使社会各方面的资源进入社区居家养老服务领域,建立信息资源共享、业务协同和服务高效的社区居家养老服务供给体系,满足老年人多样化的养老服务需求。

3.2.2.1 "互联网+"解决养老服务供求信息不对称的问题

养老服务供需信息不对称和信息传递的滞后性是目前社区居家养老服务供需

不平衡的主要原因。

我国社区居家养老服务供需不平衡的现象比较严重，养老服务供不应求和供过于求的情况同时存在。

我们通过调查发现，居家养老服务供给、服务需求和服务利用之间落差明显。与需求比例相比，供给比例总体较低，服务供给满足不了老年人的服务需求。精神慰藉类的服务需求大于供给比例达到了22%。相对于供给水平，养老服务的利用水平也普遍较低，服务利用远远低于服务供给，其中，上门看病服务过剩比例最高，供给与利用之间的落差将近30%。养老服务供需信息不对称是造成这一矛盾的主要原因。社区居家养老服务链的供给、输送和利用三个阶段都存在信息交流不通畅的现象，由于缺乏深入挖掘养老服务需求的信息，再加上服务信息传递中的障碍，服务信息不能被服务对象所熟知和理解，服务供需不能有效对接，老年人的部分需求反应不及时，得不到及时有效的满足，还有一些服务的利用率低导致资源闲置甚至浪费。

"互联网+社区居家养老服务"可以有效地解决信息狭窄、封闭和流通不畅的问题，使养老供需相匹配。"互联网+社区居家养老服务"能发挥互联网低成本、及时性、开放性、兼容性的优势，实现养老服务供需信息的及时、无障碍传递与对接。"互联网+社区居家养老服务"主要表现在两方面，第一是服务需求挖掘方面，我们利用互联网的信息集成和挖掘功能，建立养老服务需求信息资料库，摸底调查老年人的需求，为每位老年人建立档案；我们还可使用以大数据、云计算为代表的数据处理技术深入挖掘老年人的服务需求，将老年人的需求信息化，为政府确定购买服务的对象、费用补贴、服务项目等提供依据。第二是供求服务信息交互方面，我们依托手机App和个人计算机（Personal Computer，PC）客户端，可以为养老服务供求信息提供交互的平台，该平台内联辖区内有实际服务需求的老年人，外联社区养老服务中心、服务商和加盟企业，信息交互平台利用互联网、射频识别（Radio Frequency Identificaiton，RFID）技术，将记录、统计及监控到的需求信息集中汇总并分别传输给外联的服务团队，由其提供上门服务，促使养老服务供需有效对接、资源有效匹配。

3.2.2.2 "互联网+"解决养老服务资源离散化的问题

造成我国养老服务资源离散化的原因主要有：第一，养老资源归属不同的社区，各个社区之间的资源缺乏连接与整合。社区养老资源通常不对外开放，缺乏调配平台，养老资源无法在各个社区之间自由流动，导致资源浪费与利用效率低下。第二，各个养老服务主体之间沟通、互动不足。社区作为养老服务多元合作的平

台,没有很好地发挥功能,政府、社会组织、市场、家庭等多元主体之间互动不足、缺乏沟通,各主体掌握的软硬件资源尚未实现实时性连接。政府服务资源没有实现普惠化,而市场、社区和民间的资源进入养老服务的动力不足,公私合作伙伴关系不稳定。第三,养老服务项目采取分级分类的管理模式,难以实现资源的共享与合作。社区居家养老服务主要涵盖生活照料、医疗保健、康复护理、家政服务、精神慰藉等项目,不同行政管理部门主管不同的服务项目,如民政部门负责生活照料、家政服务、养老机构、社会工作等;卫生部门负责医疗服务、保健、康复等;工商部门负责家政服务。这种条块分割型的管理体制难以实现资源的共享与合作。

社区居家养老服务综合信息平台可以实现养老服务资源的有效链接与整合。互联网与社区居家养老服务各领域的深度融合可以促进资源的优化配置,其主要表现在以下三个方面。

第一,实现养老资源在各个社区之间的无缝链接。社区利用互联网技术和平台成立社区老年照顾协会或互助养老服务组织,开设社区居家养老服务网络论坛,充分挖掘社区内部养老服务资源,发展互助养老服务。社区通过养老资源调配平台,可以促进养老服务资源在各个社区之间自由流动。

第二,实现养老服务各项目间的整合。社区将养老服务所需的照看护理、家政服务、医疗保健、社会工作、精神慰藉等资源整合起来,形成社区养老服务集成系统,合力支持信息化养老。

第三,推动养老服务主体由单一向多元转型。社区利用互联网平台链接政府、社会组织、企业和志愿者等多主体共同参与养老服务,定期地发布为老服务、优惠政策、志愿者征集等信息,便于多种社会资源进入社区为老年人服务。

3.2.2.3 "互联网+"解决养老服务管理部门碎片化的问题

社区居家养老服务管理部门存在碎片化问题,难以形成统一的协调机制。在管理层面上,我国社区居家养老服务行政分割、管理分治现象较为严重,决策和执行网络涉及老龄、民政、财政、卫生、社保等职能部门,养老服务部门化、部门服务单体化,导致社区养老服务部门条块分割严重,各部门间尚未形成共同决策和信息资源共享机制。政府购买服务信息化网络建设的工作滞后,影响了网络协同治理的形成。政府购买服务的顺利推行不但取决于资金是否到位、相关政策法规是否完善,而且还依赖于信息网络技术的支持。但是在政府推进购买社区居家养老服务时,购买方和服务提供方信息不对称影响了公私合作伙伴关系的构建。另外,在政府养老服务外包的过程中,购买信息的发布、购买政策咨询、服务量的核算、服务质量反馈、服务评估、社会监管等对完善政府购买服务是至关重要的。

提高社区居家养老服务管理的效率和效能，不仅需要变革政府行政管理体制，同时需要发挥多网融合等信息化技术和手段，实现政府对养老服务管理的信息化、集成化。政府将大数据、移动互联网、云计算等技术运用到日常养老服务的管理中，提升服务管理的深度和管理水平，已成为养老服务发展的趋势。其主要表现在以下三个方面。

第一，政府出资建设平等共享的养老服务信息平台，确定养老服务的业务规范及流程，以实现养老服务信息采集、信息沟通、回应、反馈等全程闭环式管理流程，有效将自上而下的行政资源与自下而上的社区民间资源对接起来，这样不但降低了管理过程的时间和资金成本，而且促进了社区养老服务的网络化治理，使政府购买社会居家养老服务更加公平和有效。

第二，政府政策与管理工具也可依托综合信息服务平台，达到预期目的，如合同外包、服务券、税收优惠、补贴等。

第三，政府通过信息化技术能全程监控养老服务实施工作，信息平台产生的相关数据，可以为养老服务统计管理与效能考评工作提供重要依据，从而成为综合评价的重要指标。

3.2.3 "互联网+"养老服务模式

"互联网+"养老服务模式是以互联网技术为创新手段，通过自我变革和自我创新，实现"互联网+"与养老产业的深度融合，积极推动养老产业的供给侧改革，提高有效供给，进而改善养老服务。

例如，在供需错位问题上，养老产业可凭借"互联网+"技术解决空间局限性及时间滞后性问题，令供应商及时掌握养老需求的动态变化，并相应调整养老供应链各个环节的资源配置数量及内容，使得有限的资源得到合理的配置，解决养老产业供需错位、供需信息不对称的问题。

总体来说，"互联网+"技术的推广与普及为养老产业提供了发展方向。互联网技术对养老服务业的推动作用主要在于利用技术手段实现"线上"和"线下"的有机结合，通过打通供需之间的信息渠道、缩小交易时间和交易成本、优化资源配置等手段，有效破解传统养老服务模式所面临的结构性矛盾。因此，互联网技术与传统养老服务的有机融合成为未来发展的必然趋势。图3-3为"互联网+"养老服务模式的优势分析。

```
3  "互联网+"养老服务模式可以明确政府责任边界，
   政府借助大数据平台，有效调动社会资源，优化资
   源的配置方式

2  "互联网+"发展模式可以大大缩短供给和需求之间交易
   所需的时间和成本，使养老机构提高服务效率，为老年
   人提供价廉质优的服务

1  "互联网+"养老服务模式可以在供给和需求之间搭建
   信息桥梁，使养老服务供求匹配更加精准
```

图3-3　"互联网+"养老服务模式的优势分析

3.2.4　"互联网+"养老产业的新路径

"互联网+"养老产业的跨界融合是未来养老产业的重要发展方向之一，养老企业具体可从技术创新、产品创新、渠道创新、组织形式创新、人才机制创新五个方面来推进养老产业的壮大与成熟。

在技术创新方面，"互联网+"与养老产业的融合必然会衍生技术创新载体，其核心就是养老服务信息平台，该平台涵盖了养老数据库系统、养老服务应用系统、养老服务监督系统，具体如图3-4所示。这些系统为养老产业跨越式发展提供了新的运用工具和发展思路，并提升了产业的效率优势。

养老数据库系统	养老服务应用系统	养老服务监督系统
互联网有助于打破传统养老数据库的建库方式、信息的垄断及不对称性	养老服务应用系统包括信息化的健康管理系统、生活照料及精神慰藉管理系统	"互联网+"养老必须依靠全方位养老服务网络化监管，且监督主体应是多元化的

图3-4　"互联网+"养老产业技术创新载体

在产品创新方面，养老企业需要更加关注多样化的产品及服务需求，专注于定制化供给和精益管理，从而引导需求发展。目前，老年人愿意购买的智慧养老产品主要集中于信息设备和通信设备，如数字电视、智能手机、智能手表等。

在供给渠道创新方面,养老企业可使用连锁化经营等扩散方式,实现产品或服务的畅通及成本的降低。该方式可以去门店化,从而降低租金、人员等成本。

在组织形式创新方面,互联网技术的运用可以促使养老企业舍弃各种传统的中间管理环节,极大优化企业的组织架构及沟通渠道,降低企业的运营成本。同时,互联网技术的应用可促进养老企业的组织结构扁平化,组织管理更加灵活、柔性,企业管理幅度得到有效延展。

人才创新策略主要通过人才培养、人才引进以及人才管理的创新机制实现,具体如图3-5所示。

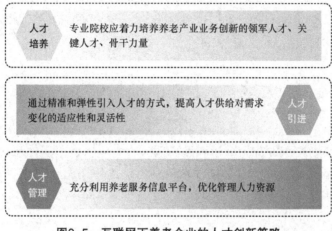

图3-5 互联网下养老企业的人才创新策略

3.3 定位技术

3.3.1 老年人日常监护中存在的问题

3.3.1.1 使用手机拨打紧急电话

手机已经成为人们日常生活中不可缺少的通信工具,遇到紧急情况时可使用

手机拨打紧急电话,但是很多老年人不会使用手机或者看不清屏幕上的数字,有时随着记忆力的减退甚至会忘记亲人的手机号码。

3.3.1.2 容易迷路

城市的日新月异给老年人的出行带来便利的同时也增加了一定的烦恼,如公交车改道、楼宇的建设等。很多老年人出门后不认识回家的路,以至于许多寻人启事见诸报道。

3.3.1.3 老年人安全的早期预警

如果一位老年人在晚上出现在离家几千米外的地方,这就有可能不是一个正常的情况或者该情况存在安全隐患。他的监护人如果能提前知道这个情况就能做出妥善的处理。

3.3.2 GPS技术在老年人护理中的应用

全球定位系统(Global Positioning System,GPS)由卫星、地面监控系统、用户接收机组成。GPS分为军用和民用两种,它能提供被测物体出现的时间、三维速度和坐标等数据。卫星接收和储存信息的操作指令全都由地面监控系统发出。被测物体必须装有收发机。收发机的作用是得到卫星信号并对信号进行相关的处理和解码,从而得到需要的数据。

养老服务平台与GPS对接,结合老年人手持的终端设备(如智能腕表、手机等),可以实时定位老年人所在的地理位置,为老年人的精细化服务提供有力支撑。如老年人来电时,相关人员通过窗口弹屏看到老年人当前的位置,还可以通过平台查询老年人姓名、身份证号或联系方式等,对老年人进行定位,也可以查看最近老年人的活动轨迹。该应用主要针对一些失智失能的老年人,当老年人发生意外时,通过一键呼救的方式,相关人员可以快速找到老年人所在之处。如果老年人走出所设置的电子围栏,平台就会自动报警,客服窗口出现弹屏,同时给亲属发送短信。

3.3.3 室内定位技术的发展与效果

室内定位技术的发展也在无形之中借助物联网的风口,为养老服务提供诸多解决方案。养老机构中搭建的老年人定位监护系统可以实现实时定位监护、移动轨迹查询、设置电子围栏、安全健康监护、一键报警求助等功能。该系统不仅能够实时显示老年人的位置，还能够设置电子围栏圈定老年人的安全活动范围，一旦老年人走出安全区域，系统就会自动预警，并通知管理人员前往查看，避免老年人走失。在定位监护系统中，养老机构可将定位标签与可穿戴设备结合起来供老年人佩戴，而手环、腕表、胸牌等都可以作为定位标签的载体。因为相关人员不可能24小时陪在每一位老年人身边，难免会有疏漏，所以将一键报警功能集成在手环或胸牌之中，老年人一旦遇到危急情况，按下按钮就能通知相关人员及时予以救助，从而避免危机情况的发生。

室内定位不同于GPS定位，它是基于超宽带（Ultra Wide Band，UWB）技术的实时定位监管系统，定位精度优于30cm。室内定位有助于养老机构对老年人、医疗设备、护理人员进行实时定位，有效获取人员、设备、物资的位置信息、时间信息、轨迹信息等，及时发现老年人的异常行为，实现自动化监管，提高应急响应速度和事件的处置速度，有效提高养老机构的管理水平和管理效率。

室内定位系统由定位基站、定位标签、位置解算服务器以及调度中心显示屏组成。

高精度室内定位系统应用软件支持PC端和移动端访问，工作人员可通过计算机、手机、iPad能实时了解老年人及物资的位置信息。该系统还应具有历史轨迹回放、人员考勤、电子围栏、行为分析、多卡判断、智能巡检等功能。

养老机构室内定位系统的实施效果如下。

① 对老年人进行监管：采用防拆防水型的定位手环（定位标签）实时定位并监控老年人的位置信息。当老年人出现安全问题时，相关人员能及时响应救援，找到老年人所在的位置，并提供相应的帮助。

② 对相关人员的行为进行监管：实时监管、考勤等功能使养老机构的相关人员提高工作效率，形成定时巡查的习惯，从而减少事故的发生。

③ 对养老机构物资的管理：定位与监控视频的联动、轨迹回放等功能能够有效保障医疗物资安全，合理利用物资，减少了养老机构的财产损失。

④ 对养老机构的综合管理（大数据管理）：基于UWB定位的大数据分析已经在各行各业兴起，越来越受到人们的关注，医疗护理行业也不例外。在养老机构诸多设施中，借助UWB定位终端的移动路径以及停留时间，养老机构的相关人员可以分析老年人活动设施布置的合理性，也可以智能地管理各活动室，避免人员集中在某个时间段，造成拥挤。养老机构也可以通过流程再造提高运营效率，提升老年人及家属的体验满意度。

3.3.4 ZigBee 定位技术及社区无线定位系统

3.3.4.1 ZigBee 技术的主要特征

①数据传输速率低：只有 10～250kbit/s，专注于低传输应用。

②功耗低：在低耗电待机模式下，两节普通 5 号干电池可使用 6 个月到 2 年，这也是 ZigBee 技术独特的优势。

③成本低：因为 ZigBee 技术的数据传输速率低、协议简单，所以大大降低了成本，且 ZigBee 协议免收专利费。

④网络容量大：每个 ZigBee 网络最多可支持 255 台设备，也就是说，每个 ZigBee 设备可与另外 254 台设备相连接。

⑤网络拓展能力强：ZigBee 技术具有星形、树形、网形网络结构的能力，增加新节点时，网络会自动连接，方便拓展。

⑥有效范围小：有效覆盖范围在 10～75m。

⑦工作频段灵活：ZigBee 技术使用的频段分别为 2.4GHz（全球）、868MHz（欧洲）及 915MHz（美国），这些频段均为免执照频段。

通过在室内、室外灵活地架设定位基站，ZigBee 网络可实现对整个养老社区的无缝覆盖，并实时跟踪定位覆盖范围内的移动标签。

3.3.4.2 养老社区无线网络的规划思路

基于 ZigBee 技术的无线组网模式，养老机构宜将养老社区规划为室内和室外两个子网，方便社区有效地跟踪和管理老年人的活动范围。

养老机构通常将室内的每个楼层划分为一个 ZigBee 无线子网，每个子网的 ZigBee 基站通过子网网关连接到系统中心。而整个室外的 ZigBee 基站也独立组成一个子网，若室外区域较大，养老机构可按社区组团或不同的功能区域来将其划分为多个 ZigBee 无线子网，这样既保证网络的运行效率，又充分体现无线的灵活性。

3.3.4.3 组网说明

（1）室外组网

根据现场的实际情况，养老机构以网格形式灵活地布置整个社区内的无线定位基站。各基站间会自动互联，并将采集的移动位置信息传送至监控中心，监控中心根据原始的定位数据，采用科学的定位算法，找出移动目标相对于定位基站的位置，进而确定老年人的实际位置。室外组网示意如图3-6所示。

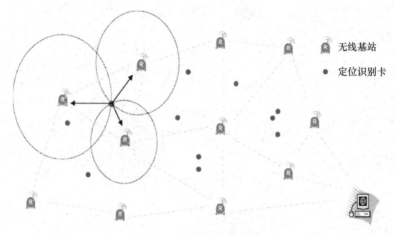

图3-6 室外组网示意

（2）室内组网

养老机构以走廊和房间为室内定位的识别单位，在每个区域安装一个定位基站。当有移动标签进入该区域时，基站就会收集移动标签的信息并将其上传至监控中心，监控中心即可得知该移动标签处于哪个区域。当移动标签报警时，报警信息会被基站所组成的无线网络传输到子网网关，再由网关传送至系统中心。

整个定位系统由移动标签、基站、ZigBee Ethernet 网关及系统服务器组成，再配合地理信息系统（Geographic Informaiton System，GIS），能在局域网内任意PC端上显示求助及定位信息。整个定位系统架构如图3-7所示。

（3）监控中心管理平台

监控中心的主要功能是实现人员定位及人员报警信息的联动处理。在正常情况下，监控中心的监控屏幕上只显示老年人的行动轨迹。当有人按下报警按钮时，监控中心的报警平台将联动报警信息附近的监控摄像头，将老年人的实时状况显示在监控屏幕上，方便监控中心安保人员观察老年人的现状，并通知相关人员迅速前往报警信息点处理。

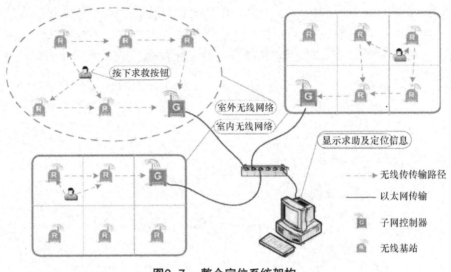

图3-7 整个定位系统架构

3.3.5 RFID定位技术及社区无线定位系统

3.3.5.1 RFID技术的主要特征

RFID技术是自动识别技术在无线电技术方面的具体应用与发展。该项技术的基本理念是：采用先进的技术手段，实现人对各类物体或设备（人员、物品）在不同状态（移动、静止或恶劣环境）下的自动识别和管理。经过十几年的发展，RFID技术已在各行各业得到不同程度的广泛应用。

RFID标签依据发送射频信号方式的不同，可分为主动式（有源）和被动式（无源）两种：主动式电子标签会主动向读写器发送射频信号，通常由内置电池供电，又称之为有源电子标签；被动式电子标签不带电池，又称之为无源电子标签，其发射电波及内部处理器运行所需的能量均来自阅读器产生的电磁波。

根据工作频率的不同，RFID系统可分为低频系统和高频系统：低频系统适用于短距离的信息读取，而养老社区的无线定位网络须用高频系统；高频系统一般指工作频率大于400MHz（常用2.4GHz频段）的系统，其基本特点是标签及读写器成本较高、卡内保存的数据量较大、阅读距离较远（可达几十米）、适应物体高速运动性能好、阅读天线及射频卡天线有较强的方向性。

3.3.5.2 组网说明

无线网络前端由接收/发射读写器组成，读写器通过RS485总线接入传输控制协议（Transmission Control Protocol，TCP）/ 国际互联协议（Internet Protocol，IP）主干网之后再最终接入监控中心的定位服务器。定位服务器能实时显示定位信息，还能与视频监控系统联动。

社区可为每位老年人和工作人员配发双频人员电子标签，该电子标签具有身份认证、刷卡消费、门禁出入管理、紧急救助定位等综合功能。人员定位系统将整个社区的室内外区域纳入无线救助网络的监护范围。老年人一旦在社区遇到困难，只需按下紧急救助按钮，监控中心值班人员的计算机屏幕上将立即显示该老年人所处的位置及其个人的健康状况、疾病史等相关信息，为医护人员的快速响应、紧急救助提供指引。同时，该系统也可监控工作人员的实时位置，以便社区进行规范化的管理和合理调度。

RFID高频系统由读写器、双频人员电子标签、服务器、定位数据库、应用软件等设备组成。其基本定位流程如下。

① 社区内安装分布图，并布置一定数量的读写器，其数量由所需覆盖的范围和定位精度决定。

② 每一个读写器通过以太网被连接至后台的定位服务器，构成无线定位网络。

③ 社区内安放用于定位基准的电子标签。

④ 社区双频人员电子标签被分配给老年人和工作人员，"标签"与"人"之间建立对应关系。

⑤ 服务器中安装并运行定位软件，定位数据可直接被写到数据库中或集成到其他系统中。

人员区域定位系统的整体构架以及系统联动功能如图3-8、图3-9所示。

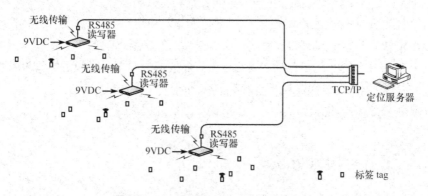

图3-8 人员区域定位系统的整体构架

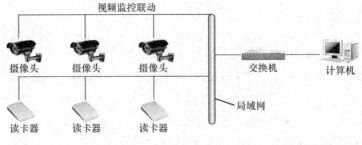

注：在定位软件内查询某一标签的当前位置，读卡器将当前位置信息通过局域网传送到服务器，服务器根据标签位置信息，自动调阅标签所处位置的摄像头画面。

图3-9　系统联动功能

3.4　云计算技术

云计算是指将资源池里的数据集中起来，并通过自动管理实现无人参与，让用户在使用时可以自动调用资源，不再为细节而烦恼，可以专心于自己的业务。云计算的核心理念是在资源池里进行运算。

3.4.1　云计算的功能

云计算是一个虚拟化的计算机资源池，它具有以下功能。

① 托管多种不同的工作负载，包括批处理作业和面向用户的交互式应用程序。

② 能快速部署虚拟机器或物理机器，增加系统容量。

③ 支持冗余的、能够自我恢复的且可扩展的编程模型，以使工作负载能够从多种不可避免的硬件/软件故障中恢复。

④ 实时监控资源的使用情况，在需要时重新分配资源。

3.4.2　云计算的服务模式

根据美国国家标准与技术研究院（National Institute of Standardsand Technology，

NIST）的权威定义，云计算的服务模式有软件即服务（Software as a Service，SaaS）、平台即服务（Platform as a Service，PaaS）和基础设施即服务（Infrastructure as a Service，IaaS）三大类，具体如图3-10所示。

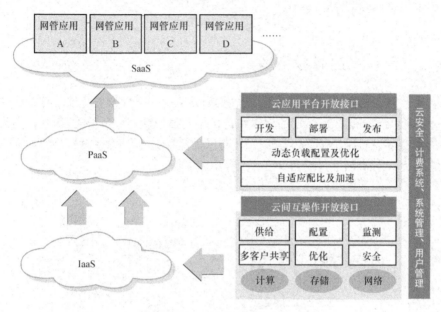

图3-10　云计算的服务模式

3.4.2.1　SaaS

SaaS提供给用户的服务是指运营商运行在云计算基础设施上的应用程序，用户可以在各种设备上通过客户端界面访问这些应用程序。用户不需要管理或控制任何云计算基础设施，包括网络、服务器、操作系统、存储等。

3.4.2.2　PaaS

PaaS提供给用户的服务是指云计算把用户开发的或收购的应用程序（例如Java、python、.Net等）部署到供应商的云计算基础设施中。用户不需要管理或控制底层的云基础设施（包括网络、服务器、操作系统、存储等），但用户能控制部署的应用程序，也能控制运行应用程序的托管环境的配置。

3.4.2.3　IaaS

IaaS提供给用户的服务是指云计算对所有计算基础设施的利用，包括处理

CPU、内存、存储、网络和其他基本的计算资源，用户能够部署和运行任意软件，包括操作系统和应用程序。用户不管理或控制任何云计算基础设施，但能控制操作系统的选择、存储空间、部署的应用，也能获得有限制的网络组件（例如路由器、防火墙、负载均衡器等）的控制。

3.4.3　云计算的服务类型

从服务方式角度来划分，云计算可分为三种：为公众提供开放的计算、存储等服务的"公共云"，如百度的搜索和各种邮箱服务等；部署在防火墙内，为某个特定组织提供相应服务的"私有云"以及将以上两种服务方式进行结合的"混合云"。图3-11为"公有云"与"私有云"的应用。

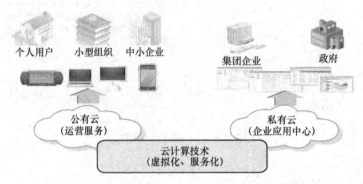

图3-11　"公有云"与"私有云"的应用

3.4.4　云计算在养老中的应用

3.4.4.1　云计算在养老中的优势

云计算是一种对IT资源的使用模式，云计算为对共享的、可配置的计算资源（如网络、服务器、存储、应用和服务）提供无所不在的、方便的、随需的网络访问。云计算的核心内容是网络资源的共享和海量信息数据的整合以实现用较低的成本来解决海量数据的处理问题。云计算可以通过物联网和互联网的连接，及各种硬件和软件资源，随时帮助企业有效地获取和分析海量信息，进而做出更加明智的决策。云计算的核心技术是自动化技术，它可以使用户在无须服务提供者介入的情况下，能够以自行服务的方式实现资源的使用。针对目前我国所面临的人口老龄化、养老难等问题，引入云计算可以带来以下优势。

（1）云计算的规模化效应可以降低养老成本

面对我国养老信息呈现爆炸式增长的现状，利用云计算以较低成本处理海量数据这一优势，养老机构可以引入云计算技术降低养老成本，云计算技术的规模化效应为政府及社会节省了开支，解决了资金投入不足的问题。养老所面临的一个主要问题是资源的共享以及信息的整合，这正是云计算的核心所在。因此养老机构可将云计算引入养老模式，整合居家老年人及与老年人相关的一切要素，使其构成一个大的物联网。在实施过程中，云平台收录全部居家老年人的资料，利用云计算技术分类汇总和有效整合这些信息，并利用不同的云终端进行实时监控，处理老年人复杂化的、海量的服务需求，最大限度地方便老年人及其家庭，使他们能够准确地获取信息，达到真正意义上的双赢。

（2）云计算有助于养老中的配置资源智能化

云计算能智能化地调配资源，养老机构通过云计算构建完整的、自动化的养老模式以降低对服务人员的需求量，节省了人力成本。同时，云计算的使用，并不要求使用者对其充分了解或者是IT精英，任何人都可以运用，它的广泛易用性大大降低了专业人员的需求量，因此，养老机构可以用其来解决养老模式中专业服务人员不足的问题。养老机构可以向大的云计算运营商租用相关设备，以便灵活响应居家老年人的需求。这样，当养老需求增加时，养老机构可以加大租用量来节省时间和降低大量的基础设施投入成本。反之，当养老需求下降时，养老机构可以减少租用，不用担心投资建设的设施闲置问题。云计算的弹性伸缩和自动部署的特点为养老提供了弹性化服务，养老机构在降低成本的同时，也规避了资源闲置和浪费现象。

（3）云计算可以提供一体化的养老服务

通过云计算在养老模型中的运用，养老机构可以将老年人及与他们相关联的各要素整合在一起，建立一体化的服务模式。一体化的服务模式具有成本低、效率高的特点，能够更加充分地利用政府及福利机构所投入的资源，在更好地满足老年人需求的同时，不辜负政府及福利机构的期望。此服务模式强化了信息整合、资源共享的优势，能够使服务趋于规范化、透明化，老年人更易于接受和参与其中，也更有利于提高老年人的参与程度及养老的社会化程度。

3.4.4.2 基于云计算的养老模型中提供的各主要云模块

养老机构要想使用云模块，须借助标准片上处理器（Common on-chip Processor，COP）装置。此装置集中了云计算的自动化、智能化等特点，又结合老年人的实际情况添加了几个实用的触摸图标按钮。

（1）社区服务云模块

社区服务云模块支持退休金认证、送饭送菜、清洁卫生、基本医疗、陪护聊天等服务。社区的工作人员统计、整合辖区内的老年人信息，并进行网上登记，以实现网络化访问和自助式服务功能。这样，只需要很少的专业人员监控这个云计算平台，大大弥补了专业人员不足的问题。另外，此模块提供支持养老保险认证功能，相关部门通过为老年人设置登录账号、密码、指纹识别等技术将云计算、云安全运用到社区的管理中，为老年人提供网上认证功能，以确保退休金管理的准确、严密。

（2）医疗云模块

基于云计算的养老模型引入了区域医疗信息化解决方案，该方案提供低成本、易管理、可按需灵活扩展的信息共享平台。医疗云模块省略了中间环节，在老年人与医院之间直接建立互相帮扶的网络系统，即医疗云。如老年人单击 COP 装置上的红"十"字图标时，则表示病情不是很严重，如感冒、头疼等，这种情况由社区医疗提供服务。当情况紧急，如心脏病突发或者出现胸闷、气短等症状时，老年人单击"120"图标，此时医院会接到求救信息，并根据信息的紧急情况派遣医疗小组或者"120"急救车。该模块可整合老年人的信息，并将其统一交付于医院的云终端，更有效地满足居家老年人的突发性医疗需求。

（3）购物云模块

购物云模块利用云计算将老年人与各大商场、超市的信息进行全面整合，并将信息分别推送到商家和老年人的云终端上，使其形成一个信息完整的资源汇集池，以提供自动化管理和快速交付的功能，及时满足老年人的需求。老年人可以通过 COP 装置与商店联系让他们送货上门，或者商店根据 COP 资源汇集池的记录情况，自动为老年人适时地提供物品及服务。商家可以引入云计算，建立自己的购物云网络，更好地满足有特殊需求的老年人。

（4）定位云模块

老年人随身携带的 COP 装置将老年人的信息有效地整合在一起，与老年人的儿女、联网的医院、社区等连接，方便其子女远程查看老年人的状态。当出门在外的老年人迷路时，老年人只需单击迷宫图标，他们的子女就会接到呼救信息，子女可以及时确定父母的地理位置。

（5）娱乐交流云模块

该模块将娱乐交流功能引入老年人的日常生活，更切实地为老年人提供适合他们交流及娱乐的环境氛围。娱乐交流云模块通过网络把老年人联系在一起，为老年人提供有益于他们身心健康的娱乐交流方式，如养花、书画、垂钓、跳舞、旅游活动。娱乐交流云模块也可以将不能到现场参加活动的人覆盖其中，他们可以单击 COP 装置的音符图标感受活动的快乐；与此同时，利用云计算的广泛性将老年人与其相关的人员整合在一起，老年人与他人能够随时联系，扩大了他们的娱乐交流范围。

（6）精神抚慰云模块

老年人也可以通过精神抚慰云模块与子女、他人在精神上互相安慰与关心。精神抚慰云模块将居家老年人集中起来，由几名专业人员提供网络咨询与心理抚慰，适时地向老年人传达积极乐观向上的精神。此外，社区或者其他一些组织可以利用该模块将老年人的信息和其他家庭的信息进行全方位的整合，使老年人能够看到其他人的需求，有能力的老年人就可以直接向有需求的家庭发出有偿或者无偿的帮助请求，这样，老年人在为他人提供服务的同时又可以愉悦自己的身心。

（7）教育云模块

教育云模块可以为老年人提供教育学习的功能，使老年人更能适应时代发展的需要。此模块运用云计算的资源整合功能将老年人与不同的教育机构、保健组织等连接，老年人可以根据自身的需要，单击 COP 上的学士帽图标随时与教育机构沟通，获得所需要的教育指导。此外，老年人还可以通过网络与他人互相交流学习的心得体会，有效地帮助社会、社区更好地开展教育。政府创办的老年大学等老年人教育机构可运用教育云模块，满足更多老年人的学习要求，更有效地利用政府及社会公益组织的资金投入。

3.5　大数据技术

大数据是由数量巨大、结构复杂、类型众多的数据构成的数据集合。大数据分析基于云计算应用模式，通过多源融合和数据挖掘技术，形成有价值的信息资源和知识服务。

3.5.1　何谓大数据

大数据又称巨量资料，是指所涉及的数据资料量规模巨大，人脑甚至主流软件工具无法在合理的时间内获取、管理、处理这些资料，也无法将其整理成帮助企业进行经营决策的资料。

大数据具备数据体量巨大、数据类型繁多、处理速度快和价值密度低的特点，如图3-12所示。

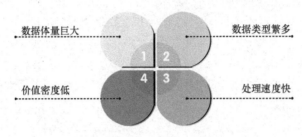

图3-12 大数据的特点

（1）数据体量巨大

数据集合的规模不断扩大，已从 GB 级发展到 TB 级再到 PB 级，甚至开始以 EB 和 ZB 来计数。一个中型城市的视频监控摄像头每天能产生几十 TB 的数据。

（2）数据类型繁多

以往我们产生或者处理的数据类型较为单一，大部分是结构化数据。而如今，社交网络、物联网、移动计算、在线广告等新的渠道和技术不断涌现，产生大量半结构化或者非结构化的数据，如 XML、邮件、博客、即时消息等，导致了新数据类型的剧增。企业需要整合并分析来自复杂的传统和非传统信息源的数据，包括企业内部和外部的数据。随着传感器、智能设备和社会协同技术的爆炸性增长，数据的类型越来越丰富，如文本、微博、音频、视频、单击流、日志文件等产生的数据。

（3）处理速度快

数据产生、处理和分析的速度持续在加快，数据流量也越来越大。加速的原因是数据的创建具有实时性的特性，同时，其要求将流数据结合到业务流程和决策过程中。数据处理速度快，处理能力从批处理转向流处理。

（4）价值密度低

大数据的体量在不断加大，单位数据的价值密度不断降低，然而数据的整体价值却在提高。有人甚至认为大数据等同于黄金和石油，其中蕴含了无限的商业价值。企业应充分挖掘大数据中潜在的商业价值，拓宽经营范围，从而实现利润增加。

3.5.2 大数据技术在养老方面的作用

目前，国家将发展大数据技术纳入国家发展计划，在政策层面有力地支持大数据的技术。大数据技术在推动互联网、金融、医疗、政务等方面发挥了非常积极的作用。在国家层面，以民政部门为例，民政部积极推动信息化建设，积极探索大数据技术在社会救助、慈善福利、政府治理、养老服务等方面的应用，尤其是在智慧养老方面的积极尝试，有力推动了"大数据+养老服务产业"的发展。

正是在国家政策的积极推动下，"大数据+产业（行业）"的解决方案开始不断涌现，诸如互联网、金融保险、企业管理、政务管理、电信、教育、医疗等众多行业。在此背景下，加上国家对健康战略的积极推动，"大数据+养老解决方案"也不断出现。这些养老大数据应用系统利用先进的技术架构，通过数据交换共享、数据分析、数据挖掘等手段，构建标准统一、开放、共享、高效、安全、畅通的云服务平台，该平台提供一系列的养老医疗服务，为方便老年人生活、建设智慧养老提供有力的技术支持。

3.5.2.1 大数据技术改变养老服务"信息孤岛"的现象

信息化程度低、缺乏合作交流平台是目前各养老服务机构的技术现状。目前，虽然已经有部分养老服务机构涵盖了护理、家政、救助、维修、配餐、心理关爱等领域，且数量和规模不小，但是分布较为零散，质量参差不齐，同时，这些服务机构之间的合作交流较少，各自为政，造成了一定程度的资源浪费。这些现状，使养老服务的公共数据共享成为一个难题，当然数据共享和政府有关部门的数据开放有一定的关联，它们在数据拥有和数据使用方面存在不少障碍，技术操作方面还存在很多不足，还不能将诸如社区（地域内）居住环境、医疗机构配比、社区（活动、养老）中心数量及分布等老龄人群的公共数据实现有效地共享与互通，造成了各机构之间"信息孤岛"的现象。这一现象，一方面造成政府治理的困境以及负担，另一方面对养老服务机构以及老年人的医疗养老造成很多不便，不利于医养结合的养老服务产业的高效和健康发展。

而利用大数据技术，我们则可以在地域范围内，构建大数据云服务平台，各养老服务机构搭建该辖区内的大数据信息中心，实现各级机构的信息互联、接口开放。该平台通过大数据挖掘技术与分析技术，记录老年人使用服务机构、医疗机构、社区活动等机构服务的数据，然后再加以分析，有效整合区域内的信息，

方便信息的共享、查阅、监督、检查等。

3.5.2.2 大数据技术带动了养老产业的发展

目前，大数据应用市场不断涌现与养老服务相结合的大数据应用及行业解决方案。虽然这些应用性能参差不齐，应用范围狭窄，以及囿于公共数据的封闭等，并未达到理想的效果，但是不断涌现的应用产品，以及形成的市场竞争氛围，在理念引领、技术促进、手段丰富等方面，起到了非常正面的促进作用。

3.5.2.3 大数据技术促进老年人个性化需求的满足

大数据技术重在充分挖掘数据的价值，通过分析、整合发现行为规律，以应对个体的需求。当前，我国养老服务机构和医疗机构的条件得到极大改善，但老年人的数量增长迅猛，这些机构无法满足老年人的个性化需求，诸如个性化医疗、个性化服务以及娱乐等需求，而大数据技术则可以弥补老年人在个性化需求方面的不足。大数据挖掘技术能挖掘老年人的生活数据、医疗数据，并充分整合这些数据，将这些数据进行定期的数据分析，总结其行为规律，为有个性化需求的老年人提供优质的服务，在提高养老质量、减轻老年人家属负担方面提供诸多可能。

3.5.2.4 大数据技术解决医养结合型养老模式中服务人员不足的问题

数据显示，我国老年护理人员严重不足，护理人员的素质水平有待提高。虽然我国已加强了高校在养老服务专业方面的建设，但是市场缺口仍旧很大。我们通过大数据技术建设信息化平台，提升护理人员的工作效率。

由此可见，大数据技术在推动我国养老服务方面，尤其在推动医养结合的养老模式方面，优势明显且意义重大。大数据技术将为我国养老模式的发展带来新的变革，"居家养老＋医疗"等智慧养老模式将不断涌现。

3.6 可穿戴设备

可穿戴设备是一种可以安装在人、动物和物品上，并能感知、传递和处理信息的计算设备。已有的可穿戴设备主要集中于运动健身、娱乐社交和医疗监测等领域。

可穿戴设备可以记录大量人体健康数据和环境监控数据,可以对各个时间点的数据进行比对并预测,还可以将数据发送给私人医生、社区、医疗部门等相关人员和机构。可穿戴设备的这些特点恰好可以适应老年人日常生活的健康监控、行为分析以及出行定位等需求。

第二篇
路 径 篇

第4章 社区居家养老的智慧化建设

第5章 养老机构管理系统的建设

第6章 智慧旅居养老

第7章 医养结合的系统建设

第8章 大数据平台助力智慧养老

第4章

社区居家养老的智慧化建设

　　智慧社区下的居家养老服务是在智慧城市转型背景下提出的一种创新的智慧养老模式,是指将智慧社区服务与智慧养老结合,构建切实可行的智慧社区居家养老体系,完善社区养老服务功能,打造智慧社区居家养老新模式。

　　居家养老服务智慧化建设借助于先进的(移动)互联网技术、云计算技术和物联网技术,有效整合通信网络、智能呼叫、互联网等科技手段,以信息化、智能化呼叫救助服务平台为支撑,以建立老年人信息数据库为基础,以提供紧急救援、生活照料、家政服务为基本服务内容,以社区为依托,有效整合社会服务资源,建立完善的居家养老服务体系,打造真正意义上"没有围墙的养老院"。

4.1 智慧养老的发展现状与存在的问题

4.1.1 智慧养老的发展现状

4.1.1.1 国外智慧养老的发展情况

英国、美国等国家已率先进行了有关智慧养老项目的实践,并取得一定的成效。美国的弗吉尼亚州有很多的医疗门诊安装了"远程医疗网络",三成服务对象都是老年人,投入使用后有效地提高了服务效率,并减少了护理费用。英国则使用了机器人护士服务于家庭或社区。机器人护士不仅可以完成日常的护理工作,还能与老年人互动,为老年人提供咨询建议。英国生命信托基金会将智慧的理念运用到老年公寓的建设中,通过在家具和地板中植入芯片等方式远程监控老年人生活的异常情况。

4.1.1.2 我国智慧养老的发展情况

我国的智慧养老也得到了政府和各界人士的积极推动,建成了很多优质的智慧养老项目:乌镇联合中国科学院物联网研发中心引进椿熙堂项目,拟建设惠及全镇的"物联网+养老"居家养老服务照料中心;长沙韶山路社区上线了"康乃馨智慧养老"综合服务平台,通过智能终端和体检设备为老年人提供远程的养老服务;常熟市建设了智慧居家养老服务中心,推出"持续照料社区"模式,打造"医养康护"四位一体的养老体系;内蒙古自治区也积极行动,以"互联网+"为抓手,构建"一台五网"智慧养老应用体系,通过为老服务热线对接需求与服务,实现多样化养老。

4.1.2 智慧养老存在的问题

4.1.2.1 缺乏规范的管理机制和统一的信息化标准

智慧养老体系的建设是一个复杂的系统工程,智慧养老缺乏统一的信息化标准及规范的管理机制,就会出现养老服务参差不齐、资源利用率低下、重复建设等问题。因此,智慧养老需要有完整规范的标准体系提供保障,而从当前的实际情况来看,不同省份的智慧养老产品差异很大。标准的不统一造成了相关资源的浪费,使得经验的总结和分享没有规范化,不利于推广,同时也制约了养老服务信息化产业的发展。

4.1.2.2 老龄社会体系的顶层设计和统筹规划方面力度不够

目前,智慧养老产业尚未形成规模,当前的研究主要局限在智能穿戴设备、智慧家居和智慧医疗领域相关的产品上;智慧养老的系统和平台大多数是分而建之、分而治之,并没有从全局进行规划和设计;资源的整合和利用也存在譬如重复建设、多头管理、沟通不畅、体制桎梏等问题。

4.1.2.3 养老信息化建设滞后,智慧养老面临技术发展障碍

当前我国的智慧养老产业刚刚起步,物联网、信息安全等相关技术还处在萌芽期,甚至在某些技术方面仍相对空白。这些问题在智能终端上的体现尤为明显,不能很好地满足老年人的需求。

4.1.2.4 优质智慧养老项目覆盖面过窄

通过比较养老信息平台的覆盖面,我们可以发现当前已推广的养老服务信息平台的设备配置以及技术水平相对有限。一些城市的智慧养老项目仅仅覆盖了部分小区和福利院。由此可见,智慧养老的优质项目的推广范围是有限的,并未得到真正的推广。

4.1.2.5 智慧养老项目缺乏专业负责的团队

当前的智慧养老项目缺乏专门负责的团队,难以很好地解决项目实施过程中的问题,特别是很多涉及技术方面的专业知识,从而削弱了项目开发和维护的专业性。此外,对于如何真正了解老年人的需求等问题,也需要专业人员的帮助,这样才能制订更加具体、可靠的方案。

4.2 智慧养老的发展对策

4.2.1 积极推动养老服务信息化的标准建设

建立行业标准和市场规范是推进智慧养老发展的基础，也是推动养老服务发展的保障。从业务需求的角度看，相关标准规范应涵盖智慧养老事业、智慧养老产业和智慧养老服务三个方面。从项目实施的过程看，养老行业需要制定项目的相关规范；从项目覆盖的技术角度看，养老行业需要制定所涉及的网络通信、信息安全、物联/互联技术等技术性的标准和规范；从项目的层次结构上看，养老行业需要形成信息基础设施层标准、信息数据资源层标准、信息服务平台层标准、信息应用系统接入标准；从项目整体性上看，养老行业需要形成总体建设和运营的标准、信息安全保障规范和标准规范的评价体系。

4.2.2 进行顶层设计，建立智慧养老服务体系

智慧养老服务体系不仅包括信息系统的建设，还涵盖了体制机制改革、标准制定等一系列问题，是一个复杂的系统工程，具体实现路径如下。

政府部门进行顶层设计和集中管理，建立全国统一的智慧养老云平台，将全国老年人的各项基础信息汇总到一个统一的信息技术平台上，为老龄事业决策提供信息支持，实现涉老数据的集中和贯通，形成智慧养老的数据基础。

针对政府管理的需要，政府应建设现代化的全国性老龄信息决策服务系统，传输、存储、管理、监控和统计分析老龄信息，实现数据加工处理、动态指标分析、个性化推送，帮助各地老龄决策机构能够充分利用该平台出台具有前瞻性、战略性、全局性的老龄政策，解决我国的老龄化问题，为区域性或全国性养老规划提供科学的指导。

针对老年人个体的需要，政府应为老年人的具体养老需求提供技术支撑，通过网站、自助服务终端、无线终端设备等渠道，为老龄群体及其家属提供养

老信息实时查询功能；基于智慧养老政务平台和行业平台，开发医疗、保健、教育、娱乐等各种养老服务应用，增加养老产品选择的多样性，提升养老服务的便捷性。

针对养老产业的需要，政府应为老龄产业发展的需求提供技术支撑和相关服务，开放平台接口，推动产业智慧升级，形成智慧产业生态系统，鼓励与老龄产业相关的企业、组织和个人开发应用系统；了解养老服务行业的现状，为行业管理、质量监控以及督导等提供支撑，为行业资质认证、专业队伍建设等提供依据，从而提升行业标准化水平。

4.2.3　加大优质智慧养老项目的推广力度

当前，有很多优质的智慧养老项目并未得到很好的推广，受益范围小。政府要分析出这些优质项目的关键点以及使用条件，树立典型并进行推广，借助媒体将经验推广出去。政策上支持或购买企业自主研发的优质产品，提高企业参与的积极性，加大推广优质产品的力度。

4.2.4　加大人才引进及专业团队建设

政府需要组建、培养专门的团队负责项目的推动与实施，团队中需要包含技术人员、行政人员、医护人员甚至还要有心理医生，形成专门化的团队，从适应辅导、心理辅导等方面出发，做到了解老年人、满足其需求，从而实现智慧化养老。

4.2.5　政府加大扶持力度，推动产业发展

为推动智慧养老产业的发展，政府在政策、税收上应给予相关企业优惠，支持其发展，让更多的企业参与进来。同时，政府必须进一步明确在建设智慧养老服务体系时政府和市场的定位，采取政府主导、企业建设、公众参与的建设模式。

4.3 社区居家养老概述

4.3.1 开展社区居家养老的现实意义

4.3.1.1 社会化居家养老是适应人口老龄化发展的客观要求

社区是老年人的主要活动场所和生活空间。随着年龄的增长和身体的衰老，老年人对社区服务的需求逐渐增加，对社区的依附性越来越强。依托社区构筑社会化养老服务体系不仅具有方便易行、针对性强、参与面广等特点，而且还能给老年人带来认同感和归宿感。我国传统的大家庭，正在或者已经被核心家庭取代，老年人和子女分开居住已经相当普遍，"空巢"家庭的增多给老年人的生活照顾、医疗保健及精神照料等方面带来了诸多不便。因此，依托社区构筑社会化居家养老是城市解决老年人养老问题、适应老年人及其家庭需求的客观要求，是社会发展的必然。

4.3.1.2 社会化居家养老是建立完善的社会养老保障体系的必要补充

我国社会保障事业近年来有了长足的发展，但是相对于人口老龄化加速过程中增加的大量照顾需求，其养老规模和能力又显得严重不足。老年福利设施在数量和质量上都与现实差距很大，现有社会养老机构照料老年人的能力远不能满足需求。同时，养老机构照顾的费用较高，也使一些经济困难的老年人望而却步。因此，发展社会化居家养老是我国社会养老保障体系的必要补充，也是解决城市养老问题的重大战略选择。

4.3.1.3 社会化居家养老是提高老年人生活质量的现实需要

提高老年人的生活质量，让老年人享受舒适、安全、高质量的社区服务，是加强社会主义精神文明建设的需要，也是国家对养老事业提出的新要求。完善的社会化居家养老应该包括衣食住行、医疗保健、学习教育、健身娱乐、情感慰藉、法律咨询、生活援助、参与社会等职能，而不是单一的养老。我们要满足和改善老年人对物质生活的特殊要求,我们更要不断满足和丰富老年人对精神文化生活的特殊需要。为老年人提供全方位的服务,在养老过程中体现鲜明的人文性和道义性是社会文明进步的重要标志。这不仅有利于社会养老事业的发展和完善,还有利于形成积极的社会风尚,使社区老年人在一种积极、活跃的精神状态中安度晚年。

4.3.2 社区居家养老的概念

4.3.2.1 居家养老服务

居家养老服务是指政府和社会力量依托社区,为居家的老年人提供生活照料、家政服务、康复护理和精神慰藉等服务。它是对传统家庭养老模式的补充与更新,是我国发展社区服务,建立养老服务体系的一项重要内容。

4.3.2.2 社区居家养老

社区居家养老既不同于机构养老,也有别于传统的家庭自然养老。其基本含义具体如下。

第一,从养老的方式看,居家养老是指老年人在自己的家里养老,而不在养老院、老年公寓等养老机构养老。

第二,从养老资源提供的主体看,居家养老除了需要家庭照料外,还需要来自社会的帮助,主要是来自社区的照顾。社区居家养老强调了社区照顾在居家养老中的作用。

简而言之,社会化居家养老是以家庭为核心,以社区为依托,以老年人日间照料、生活护理、家政服务和精神慰藉为主要内容,以上门服务和社区日托为主要形式,并引入养老机构专业化的居家养老服务体系。

4.3.3 社区居家养老服务的对象

① 孤寡贫困老年人和空巢老年人;
② 长期患病生活不能自理的老年人;
③ 伤残老年人;
④ 高龄并生活不便的老年人;
⑤ 居住在本辖区内,自愿出资申请居家养老服务的老年人和其他60岁以上

需要照料的老年人。

4.3.4 社区居家养老服务的内容

1. 生活服务

社区工作人员照顾老年人的日常生活，帮助老年人买菜、做饭、洗澡、清理卫生等，为老年人购买生活用品或开展捐赠活动。

2. 精神服务

社区工作人员对老年人进行心理保健教育，陪老年人聊天、读书、散步或参加体育活动，丰富老年人的精神生活。

3. 健康服务

社区工作人员为老年人建立健康档案，并进行定期体检，给生病的老年人提供医疗救助服务。

4. 走访服务

在节日或老年人的生日时，社区工作人员到家中探望，陪老年人过节、过生日。

5. 日间照料

早晨，社区工作人员将老年人接到日间照料室，组织他们开展文体活动，负责老年人的午餐、休息和安全，并在晚间将老年人送回家。

6. 法律服务

社区为老年人免费开展法律咨询和法律援助。

7. 医疗保健服务

① 预防保健服务：社区根据老年人的需求制订有针对性的预防方案，预防方案应简明扼要、通俗易懂，便于老年人掌握预防老年病的基本知识并进行基础性的防治。

② 医疗协助服务：社区应遵照医嘱及时提醒老年人按时服药或陪同就医，协助开展医疗辅助性工作。

③ 健康咨询服务：社区通过电话、网络及会议报告或老年学校等方式为老年人提供预防保健、康复护理及老年期营养、心理健康等知识教育。

④ 其他服务：根据老年人的需求，社区组织开展各种人性化的居家养老服务。

4.3.5 社区居家养老服务的项目及模式

社区居家养老服务的项目及模式见表 4-1。

表4-1 社区居家养老服务的项目及模式

序号	项目及模式	说明
1	政府购买服务	运用财政补贴的形式,为老年人购买服务
2	日间照料服务	依托社区(村)养老服务设施,为居住在家、白天无人看护的老年人开展日间照料服务
3	老年助餐服务	积极推进社区老年食堂的建设
4	托老服务	为子女临时不在身边、需要日托或整托的老年人提供看护服务
5	市场有偿服务	经济条件较好、需要提供家政服务的老年人由所在社区的养老服务机构或家政服务组织就近安排服务人员提供所需的服务,一般服务价格略低于市场价格,既解决了老年人的实际困难,又解决了社区内下岗失业人员的就业问题
6	互助服务	与邻里老年人结成互助小组,互相帮助,实现"白天有人照料,夜间有人陪伴"
7	协议服务	社区组织发动驻区单位,与社区困难老年人签订承包服务协议,定人、定时、定内容开展服务
8	养老机构延伸服务	鼓励养老机构发挥专业优势,根据居家老年人的需求,提供专业化的入户服务,并创新服务方式,为居住在家、生活不能自理的老年人提供服务
9	呼叫服务	运用现代化的信息技术手段,建立呼叫服务系统,为老年人提供全天候的服务
10	志愿者服务	对那些行动不便、生活困难、需要生活服务的老年人,社区积极组织志愿者,根据老年人的不同情况和差别化需求,采取定期或不定期的上门义务服务,如帮助老年人打扫卫生、洗衣服、做饭、买菜,陪老年人聊天等

4.4 社区居家养老服务平台的架构设计

智慧社区养老服务系统由智慧社区养老助老云服务平台、社区居家用户、社区居家养老服务云呼叫中心和云服务平台加盟商构成,如图4-1所示。

图4-1 智慧社区养老服务系统整体框架

其中,社区居家养老服务云呼叫中心为核心部分,老年人可通过设置在家中的一键呼叫器呼叫子女及紧急报警,也可通过智能手机或固定电话拨打公共服务热线,根据语音助手来完成相应的服务需求。同时,老年人可通过智能电视、智能终端或智能手机上的 App 查看和预约智慧社区养老助老云服务平台提供的相关服务。社区周边及全市养老服务商可通过云服务平台加盟合作,为老年人提供全面周到的服务。

智慧社区养老助老云服务平台为居家老年人提供生活照料服务、健康生活服务、安全方案服务、品质生活服务和公共生活服务。其服务内容囊括了老年人生活的方方面面,能够为老年人提供全方面的服务。

智慧社区养老助老云服务平台收集老年人的基本信息、子女信息、特殊老年群体(如空巢老年人)的健康情况等信息,形成一套三代亲属关系树图,为民政部门提供低保扶助等相关数据支撑;同时针对老年人的健康情况,为老年人有针对性地推送相应的服务。老年人的亲属还可通过智慧社区养老助老云服务 App 中的亲属平台实时查看老年人预约的服务、健康数据、定位信息等。

4.5 居家养老服务呼叫中心平台

居家养老服务呼叫中心平台为客户提供了语音、传真、邮件、Web 和数据等多种通信手段，可以解决养老服务受众与养老服务产业链企业的通信支持工作，并且可以将企业或服务部门的各类业务信息系统与呼叫中心融合在一起，构建多功能、综合性信息化的应用平台。

4.5.1 居家养老服务呼叫中心的层次架构

4.5.1.1 区级与街道级服务信息的分级互通

政府或社会力量建立区级居家养老呼叫中心云平台，为各街道社区服务中心提供通信接入服务。各街道社区服务中心或者专业机构服务商作为接入单位只需访问互联网或内部专用网络即可。接入单位间的通信可完全免费，接入单位的总机号码由平台统一管理，单位内部分机号码可由单位内部自由调配。街道服务中心的架构如图 4-2 所示。

4.5.1.2 街道社区服务呼叫中心

（1）街道社区服务云呼叫中心集群

云呼叫中心平台系统是基于区服务中心的通信而建设的，采用 SaaS 架构，各街道社区及接入单位可在云呼叫中心平台上使用一个或多个呼叫中心子系统。通过使用子系统，接入单位只需配备电话终端或 PC 即可使用自己的呼叫中心，无须购买硬件设备。接入单位可根据所提供的服务内容自行编辑呼叫中心的菜单。

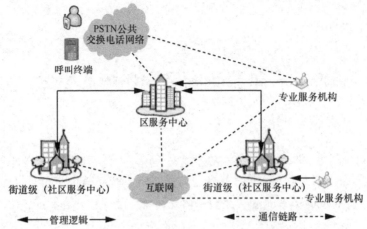

图4-2 街道服务中心的架构

云呼叫中心平台系统的架构如图 4-3 所示。

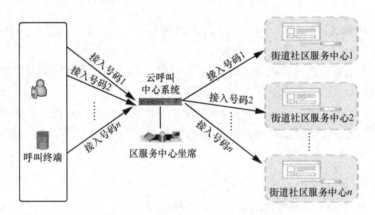

图4-3 云呼叫中心平台系统的架构

（2）街道社区服务呼叫中心

街道社区服务呼叫中心是其范围内及周边服务机构为社区居民发布信息和提供服务的窗口。该中心使用统一的接入号码，方便社区居民记忆，并为社区居民提供基于语音和视频的一站式服务，同时配合街道社区商户的黄页，居民可以用手机选择商户并直接进行沟通。

居民拨通电话后进入一级菜单选项，将听到语音播报，如人工热线请按"0"、最新公告请按"1"、便民服务请按"2"……通过操作手机或输入对应的数字，居民可以选择人工服务或进入二级菜单、三级菜单，直到按照语音提示获得最终的服务。

为老年人配备的呼叫终端设备上设有专门的按键，老年人通过这个按键可以直接接通社区服务呼叫中心，无须拨号并且可以跳过自动语音菜单直接接通人工坐席。呼叫中心坐席或分机可以绑定为指定人员的移动电话、IP 电话、固定电话等终端。

4.5.1.3 街道社区信息数据库及大数据挖掘分析工具

街道社区服务中心在工作中接触和积累大量的社区商户和老年人信息，基于这些信息可以建立社区信息数据库。该数据库使用专业数据挖掘工具对信息进行大数据分析，可在数据基础上建立街道社区老年人模型，方便对街道社区老年人的管理和服务，更加强与提升了政府对街道社区的管理力度和水平。

4.5.2 通信系统组网结构

云呼叫中心平台系统由区服务中心通信系统、街道社区云呼叫中心集群组成。

区服务中心通信系统是区服务中心、街道社区服务中心通信的基础系统。系统可以有效避免信息系统和资源的重复建设，达到资源利用的最大化。同时，系统的基础传输依托 TCP/IP，系统内部通信免费，为街道社区服务中心的日常运营节省了大量通信成本。

街道社区服务云呼叫中心集群将街道社区服务中心、街道社区周边便民服务信息、街道社区专业养老服务机构信息、家庭养老服务信息、街道社区周边商户信息和居民娱乐信息等集成在一个平台上，一个街道社区使用一个号码，平台统一管理接入的呼叫中心系统。云呼叫中心组网如图 4-4 所示。

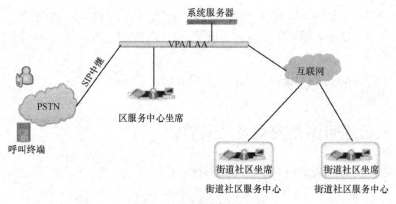

图4-4 云呼叫中心组网

（1）云呼叫中心的核心系统组成及接入

云呼叫中心的核心系统建在局域网内，配置公网固定 IP 地址。硬件包括云呼叫中心通信系统服务器 1 台。

物理连接：服务器连接至网络交换机，网络交换机连接至路由器，路由器接入运营商提供的网络。

通信连接：呼叫中心通信系统服务器使用 SIP Trunk 方式与运营商的公共交换电话网络（Public Switched Telephone Network，PSTN）对接。

注：SIP（Session Initiation Protocol，会话初始协议）。

（2）区呼叫中心坐席接入

坐席采用呼叫中心专业 IP 电话，由中心局域网接入呼叫中心系统。

（3）街道社区服务中心和专业服务机构坐席接入

各街道社区服务中心或者专业服务机构作为接入单位，其坐席通过互联网接入呼叫中心系统。坐席可以使用 IP 电话、移动电话、模拟电话等。

（4）其他增值服务系统部署

① 呼叫系统配置固定公网 IP 时，安卓系统的呼叫终端或手机可以接通系统，老年人无须拨打公网电话。

② 老年人使用呼叫终端设备或手机访问平台时，通过可视化的菜单选择不同业务或服务商，选择后可直接接通对应的业务人员或服务商。

③ 服务商可以作为特殊坐席接入平台，也可以设置不同的欢迎词或互动式语音应答（Interactive Voice Response，IVR）菜单。

④ 系统支持视频通话，还可以直接接通家中的摄像头，便于监护人或民政机构了解老年人的情况。

⑤ 系统可以群呼进行语音播报，便于对特殊群体下发提醒或通知。

⑥ 呼叫终端设备或手机可以设置紧急联系人，老年人通过系统直接拨打一组预设的号码直到接通为止，保证老年人在紧急情况下能够得到及时的帮助。

⑦ 系统可以根据业务需求与其他系统联动。

4.5.3 云呼叫中心应具备的特性

云呼叫中心应具备表 4-2 所示的特性。

表4-2 云呼叫中心应具备的特性

序号	特性	说明
1	基于IP技术的分布式呼叫中心	该系统底层宜采用IP技术构建,以满足养老机构异地坐席呼叫的需求,还可满足每个区域多个异地坐席的业务需求
2	智能化坐席和个性化服务	系统可根据用户的主叫号码,自动显示用户的基本资料和历史服务记录,还可专门为用户指定专家业务代表和固定的业务代表为其服务。系统提供多种服务手段(电话、传真、E-mail、信件)满足用户独特的服务需求
3	坐席监控管理	系统实时监控话机与坐席的工作状态,了解话务员的工作情况
4	系统排队监控	系统实时监控来电转坐席的排队情况,以便随时了解客户来电排队情况,有利于合理安排坐席排班,合理利用坐席资源
5	坐席话务管理	坐席话务管理有三部分功能:坐席未接来电、历史通话和客户留言
6	坐席未接来电	坐席未接来电包括本坐席的未接来电和系统分来的待处理呼损电话,电话控制条上会提醒有未接来电,以便提醒工作人员及时回拨,提高客户满意度
7	历史通话	系统记录坐席所有的历史通话,相关负责人员可以查看所有坐席的通话记录,以便更好地了解话务员的工作情况
8	客户留言	系统支持留言功能,特别是在非工作时间,可以为客户提供留言功能,话务员或相关负责人员在工作时间查看客户留言,并及时处理客户的问题,有必要时向客户回复处理结果
9	客户满意度评价	在线收集客户满意度评价,话务员解决客户问题后,可主动将客户电话转至IVR服务评价节点,由客户通过电话按键的方式对话务员进行服务评价
10	多媒体的服务手段	业务的受理或答复可通过电话、视频、传真、E-mail、信件来完成。另外,本系统配有专门的多媒体终端,用户可使用该终端与业务代表面对面交流信息
11	完善的系统管理和统计分析功能	系统应提供完整的、详细的系统数据和全面、准确、动态的业务数据,通过自动的报表统计分析数据,为养老机构的管理者提供参考。报表系统提供自定义报表功能,按具体需求定制所需报表
12	智能化、个性化服务	系统后台有一个强大的客户关系管理(Customer Relationship Management,CRM)系统,能自动识别老年人的个人资料及历史服务记录,养老机构分析这些信息,主动地为老年人提供各种智能化、个性化的服务
13	呼损管理	呼损电话是客户来电转坐席遇忙时,在系统排队等待超时或客户主动放弃的客户来电。对呼损电话的管理意义很大,这会直接影响企业的服务质量及挽回呼损可能带来的营销机会,这更是对坐席合理排班的重要依据。另外呼损管理功能还能管理坐席的未接电话,及时发现和记录话务员的未接电话,并提示话务员。呼损管理提升了服务质量,提高了客户的满意度、忠诚度,让客户感受更贴心的服务,又挽回了可能流失的营销机会,强有力地支持营销工作,增加了盈利机会,因此呼损管理对呼叫中心是至关重要的
14	系统的扩展和第三方应用	系统应具备较好的扩展性和标准的应用程序编程接口(Application Programming Interface,API),具备可对任何部分软件及硬件的升级能力,保证了和第三方设备的兼容能力,从根本上保证系统的通用性和先进性

4.5.4 云呼叫中心的主要功能

4.5.4.1 IVR

云呼叫中心的 IVR 可达到的目标有：提高坐席利用率，为客户解决不需要话务员解决的问题；合理分配资源，更准确、更合理地分配呼叫中心的资源；可提供 24 小时不间断的服务。其主要功能如下。

① 服务区域人员拨打统一服务热线，通过语音提示完成相应的服务预约。

② 系统放提示音或录音的同时响应用户的双音频拨号输入。

③ 识别用户端是否处于挂机状态或是忙态，从而在系统调度呼出时确保业务的可靠实现。

④ 播放预先录制的语音记录文件，并保证语音文件的音质和速率。

⑤ 实现自动转人工坐席的功能，在话务员解答问题后再换到 IVR 继续服务。

⑥ 鉴别用户权限（如采用语音提示输入密码等方式）。

⑦ 支持从文本到语音（Text To Speech，TTS）与现有 IVR 系统的结合。

4.5.4.2 系统录音

系统录音应满足以下功能。

① 实时录音主被叫电话，形成语音文件并保存，还可以实时地查询和调用文件。

② 系统可以查询、回放话务员的通话录音。

③ 录音数据可以按坐席号、日期、时间和通道号等进行查询。

④ 当系统录音模块出现异常时，系统可以给管理人员和话务员给予告警提示。

⑤ 可根据养老机构的实际情况合理选择录音数据的保存时间。

4.5.4.3 智能路由和自动分配话务排队

（1）智能路由功能

① 系统管理人员可以有效地设置自动分配话务（Automatic Call Distribution，ACD）排队功能，养老机构可根据自身的情况设置不同的队列算法。

② 会员电话呼入后，系统可根据用户的主被叫信息及历史相关记录等信息选择智能路由并将最后的路由信息通知 ACD，ACD 实现用户呼叫处理、呼入排队、路由控制、中继合群分群、呼出回复、呼叫转移、呼叫等待等功能。

③ 智能路由呼叫功能将有效减少带宽拥塞和路由延迟，增加业务代表占用率，

以使养老机构减少成本，增加收入，同时改进客户呼叫。

④ 云呼叫中心拥有智能路由功能，将有效减少带宽拥塞和路由时延，增加话务员使用率并完善服务流程，同时降低运营成本，提高公司的业绩。

（2）ACD 排队策略

多个坐位之间可以按一定的话务分配原则分配业务，如轮循分配、按时长分配、按技能分配和按次数分配，同时可以将特殊的用户设置成 VIP 客户，这样该用户拨打电话时就无须排队直接分配人工坐席。

4.5.4.4 智能人工坐席

（1）人工坐席应用时段划分

① 上班时间内，用户打入电话可进入 IVR，然后进入分类的语音资讯内容，同时也可以进行人工咨询。

② 准休时间（午休时间、晚上下班后睡觉前时间），用户打入电话可进入 IVR，也可进入电话跟随呼叫流程（将电话自动转到指定的值班电话或移动电话上，通话过程有录音）。

③ 休息时间（晚上睡觉时间），启动夜间服务功能。用户打入电话可进入自动留言，或者进入 IVR。

（2）人工坐席端的主要功能

① 会员来电话时，坐席端软件可显示会员信息，也可以输入必要的文字信息。

② 坐席电话相互转移时，可将该客户的信息转移到相应的坐席计算机上，从而保证业务的正确衔接和处理。

③ 可输入、编辑、查询客户信息，并可根据客户的实际情况做相应的数据处理。

④ 可预先设置多个要联系的客户，坐席计算机将依次自动呼出，节约拨叫电话的时间，提高工作效率。

⑤ 可在坐席计算机上浏览、接收、发送传真。

⑥ 话务员可在客户端软件上查询、播放电话录音。

⑦ 话务员可将用户的电话迂回呼转到相关工作人员的手机或固定电话上，保证业务的实时处理。

⑧ 话务员可以与外线人员召开实时的电话会议。

⑨ 坐席电话阻塞功能。话务员离开时，可设置该功能，有电话呼入时，将不再分配电话到本坐席。

（3）人工坐席软电话功能

云呼叫中心为话务员提供完整的软电话功能，话务员可在其相应的软件界面进行通信操作，主要功能包括以下几个方面：

① 主叫号码在"振铃"的软电话上显示；
② 呼叫信息收集；
③ 应答与释放方式设定；
④ 呼叫保留；
⑤ 呼叫盲转；
⑥ 咨询；
⑦ 转移；
⑧ 转 IVR；
⑨ 三方通话（拨入者、接听者、话务员）；
⑩ 呼叫挂机（挂断）；
⑪ 示闲示忙；
⑫ 全忙显示；
⑬ 显示坐席通话状态及记时功能。

（4）监听和服务质量管理

功能完善的坐席管理应用模块是系统的组成部分之一，可实现对坐席状态及通话的历史统计，并采用各种图表的方式显示。对于业务工作的统计，该应用模块可结合数据库的历史记录进行检索和统计生成。

① 当话务员和会员进行通话时，"相关管理人员"可根据实际情况进行"监听""强插"和相应的管理工作；

② 该应用可以统计和查询话务员的工作情况；

③ 相关负责人可以通过实时通话或录音数据了解话务员的服务质量，也可以在特殊情况下（如话务员给会员的答复偏差比较大）使用强插功能承接会员的咨询以提高服务质量；

④ 呼叫监测，云呼叫中心可帮助管理者全程地跟踪和监测特定业务。

（5）远程坐席代表

远程坐席适用于在家工作的外聘专家或者是被租赁给小型企业的外包呼叫中心。远程坐席是服务量不大但又必须在当地设点的远程终端。

PSTN 连接方式：远程坐席通过 PSTN 或语音专网将话机注册到呼叫中心应用系统，远端坐席计算机通过 IP 交换网登录到呼叫中心应用系统。若不需要弹屏等功能，远端坐席则不需要计算机通过 IP 交换网进行注册。

IP 连接方式：远程坐席只需要提供能连接 IP 交换网的环境即可将上网和语音交谈转为数据流，此方式又称纯 IP 型。

（6）智能逻辑坐席

智能逻辑坐席允许坐席从系统中任何一个坐席端上进行登录，并且话务员的技能和功能转至该语音终端上，因此话务员的活动由呼叫管理系统跟踪，无论其在什么地方登录，该话务员原有的所有功能和权限都会被保留。

① 不论话务员当前使用的是哪个坐席终端，都可以通过呼叫中心应用系统建立链路。

② 坐席登录状态提醒：无论坐席在什么地方登录，系统都会准确无误地显示其当前的运行状态。

③ 远程坐席：坐席不受物理区域的限制，只要有 IP 交换网的地方都可以部署和迁移坐席。

（7）智能无应答转接

智能无应答转接功能主要实现"队列坐席"已满无应答转接或者振铃超时时将来电转接到其他队列（注：包括技能组）上，同时还可以按"时间组"功能合理设置队列，如白天转"人工坐席"的队列，晚上可以转至手机或者固定电话，由此实现呼叫中心系统的 24 小时值守。

4.5.4.5　CRM功能

① 系统应自带简易的 CRM 功能，可满足养老机构老年人数据资料的存储和查询。

② 系统可将老年人的信息输入并进行编辑，形成客户关系数据库。

③ 系统分配电话的同时将老年人的信息和历次联系信息发送到相关坐席的计算机（弹屏功能）。

④ 每日信息统计、总结功能：整理每日的通话记录，并将重要的客户电话及其信息形成报告以备日后查询。

4.5.4.6　统计报表和查询分析

① 根据来电区号等条件统计某一地区的来电，将其作为系统数据。

② 统计各话务员的接听次数、呼出次数、时间和工作时段等。

③ 统计系统每天的总接听、呼出、跟随呼叫的次数等。

④ 统计分析的主要内容有：各项基本业务功能（投诉、举报、咨询）的分类统计、指定时段的话务量统计、业务代表工作统计；提供按日、周、月、季、年的统计方式；提供表格、直方图、饼图等显示方式；帮助业务主管人员决策。

⑤ 通话日志、话务统计、流量统计、呼损率统计、平均等待时长统计、质检统计、报表导出等。

⑥ IVR 的呼叫数量。

⑦ 话务员的平均通话时长。

4.5.4.7 系统安全监控和管理维护

系统安全监控和管理维护的价值体现在：实时了解系统的运行状态，监视系统各项运行指标，为管理员做维护计划提供参考；系统硬件在长时间高负荷运行时会发出告警，管理员要及时处理，避免系统瘫痪；通过多种方式保障数据安全。

（1）系统监控

系统监控模块的功能是按照呼叫中心标准规范进行全面地维护和监控系统的整个网络，并以各种图表的形式显示。养老机构的管理部门相应地根据统计的数据调整业务，同时及时发现系统的隐患和存在的问题，从根本上保证系统的稳定运行。

管理部分主要包括密码、有效期、登录管理、线路管理等。系统管理软件控制安装、管理和维护的内部处理。通过连机的显示器，技术人员可以安装、测试、重配和更改设备等。

（2）管理维护

系统管理软件通过终端提供以下四种功能。

① 测量收集和报告：如对于每小时流量数据的格式化报表。

② 维护测试和报告：对系统平台进行测试并显示错误和告警。

③ 事务数据备份：备份系统运行的数据。

④ 数据库管理：针对数据库系统可提供热备和冷备两种方式。

（3）系统安全

安全功能的重点主要在以下方面：侦测可能的破坏、采取保护措施和自动通知潜在的问题。系统内置一些功能，如口令保护、远端访问的安全性和阻止未经授权的转移和对某些访问企图的自动报警等。

4.5.5 家用老年人一键呼叫器

家用老年人一键呼叫器可设置多个较大的物理SOS（紧急呼救信号）实体按键，每个按键可以设置不同的一键呼叫号码，为老年人提供多种接入方式。同时，家用老年人一键呼叫器还可以接入电话，设置多个可呼入的电话号码，陌生电话号码禁止呼入，能够大大降低老年人遭电话诈骗的可能性。

4.6 居家养老服务系统建设

4.6.1 居家养老服务系统的架构

居家养老服务系统的架构如图4-5所示。

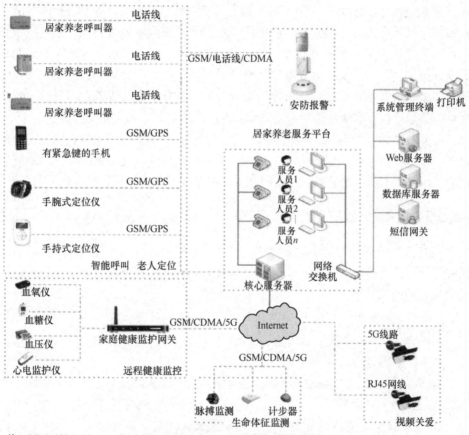

注：GSM（Global System for Mobile Communications，全球移动通信系统）。
CDMA（Code Division Multiple Access，码分多址）。

图4-5 居家养老服务系统的架构

4.6.2 居家养老服务系统的功能介绍

4.6.2.1 档案动态管理

档案动态管理模块的主要功能包括以政府为主导的多级信息采集及填报,建立适合开展养老服务的老年人信息档案。

4.6.2.2 智能呼叫

智能呼叫模块包括智能求救和智能求助。

当出现紧急、重大事情时,如老年人突然生病、家中着火等,老年人按下红色按钮,服务中心客户端的主界面出现老年人的呼叫求救信息列表,服务中心的工作人员可以在第一时间实施救助。同时,呼叫中心工作人员可以选择通知物业保安人员、老年人子女、居委会的工作人员以及卫生医疗机构的工作人员等。智能呼叫模块会自动在地图上显示其所处的位置,被呼叫人员可以在第一时间根据老年人的地理位置和病史记录赶到现场,从而保障老年人的生命安全。

一般性的求助信息,如送水、送米、打扫卫生等,甚至是法律咨询、心理咨询等,老年人按下绿色按钮,服务中心客户端的主界面会出现该老年人的呼叫求助信息列表,服务中心的工作人员随即安排相应的服务人员服务。

4.6.2.3 老年人定位

老年人定位模块主要确定老年人的位置,当老年人外出迷失方向时,老年人按呼叫终端紧急按键(SOS),平台能迅速定位老年人所在的位置,子女也可以主动查询老年人的位置。

4.6.2.4 视频监控

视频监控模块适用于以下情况:

① 家中子女因工作长期不在家,老年人长期一个人在家,子女需要随时了解老年人的身体状况;

② 老年人长期需要护工护理,子女需要及时了解护理状况;

③ 某个家庭里有患慢性病的老年人,但是子女白天上班无法照顾,又担心老年人会出事的情况;

④ 当老年人紧急呼叫后,服务中心的工作人员首先打开视频监控,判断老年

人需要何种紧急救助措施,然后迅速派人去处理。

在以上几种典型场景下,视频监控模块能方便、快捷地为老年人的子女和服务中心的工作人员提供第一时间的状况视频,便于老年人的子女及时了解老年人的状况,也方便救助人员快速判断事件的状况以便迅速处理,为救助赢得了时间。

4.6.2.5 远程健康监控

老年人的子女可以通过手机或计算机随时查看老年人的实时健康参数或查看老年人在一段时间内的健康情况,也可以和医生对接。

远程健康监控模块应本着"远程监控—健康档案—健康预警—健康促进"的思路设计,远程监测老年人的各项指标,及时发现老年人的异常状况并通知本人或子女。

社区人员(主要是老年人)使用指定的健康监测仪器(比如心电仪、血氧仪、血压仪、血糖仪)来测量身体的各项健康指标,这些信息会被自动传送到远端服务器,服务中心给老年人自动建立健康档案库,当监测到健康状况异常时,模块会自动提示服务中心的工作人员,也会自动给老年人的子女发送必要的短信息,告诉子女老年人的健康状况异常,请及时就诊。

4.6.2.6 生命体征监测

生命体征监测模块适用于独居老年人、空巢老年人。该模块利用先进的、精密的穿戴设备,持续多方面地监测老年人的生命体征,并根据所得到的资料进行综合分析。如果监测到生命体征异常,该模块会发送信息给服务中心人员,使相关人员能够及时采取相应的治疗措施,从而达到挽救老年人生命、治愈其疾病的目的。

4.6.2.7 安防报警

安防报警模块适用于家中某段时间无人,可能出现煤气泄漏或被盗等情况,或老年人健忘,炖煮食物时忘记关掉炉火而发生煤气泄漏等情况。家里安装相关的安防终端后,如出现意外时,服务中心能第一时间得到该模块发来的报警信息。

4.6.2.8 志愿者管理

志愿者管理模块用于志愿者注册,开展志愿服务信息收集、记载、保存,建立志愿服务情况查询、证明机制等。其主要用于民政部及其下属的管理部门或运营公司对志愿者的管理,老年人通过平台表达需求后,服务中心的工作人员通过平台安排志愿者上门服务,更好地开展各项活动(包括敬老爱老活动)。

4.6.2.9 居家养老门户网站

表4-3为居家养老门户网站包括的栏目。

表4-3 居家养老门户网站包括的栏目

序号	栏目	说明
1	养老动态	以养老新闻为主,提供国内外最新的养老动态;为市、区、街道业务主管部门提供后台发布信息的入口,由他们自行发布信息
2	居家养老	发布各居家养老服务组织及其服务地址、服务范围、服务内容、服务价格,实名登录的用户可以通过该栏目根据需求购买或预订所需的居家养老服务
3	老年产品	发布有关的老年产品,并提供网上交易平台
4	互动服务	这是个人和服务组织在网上进行实时供需对接的平台。实名登录的用户可通过该栏目发布服务需求或预约服务,服务组织可通过该栏目发布提供服务的有关信息。该栏目为供需双方提供实时互动交流的平台,并保留历史对话记录
5	养老保健	发布老年人养生保健、老年疾病预防、老年病康复护理等方面的信息
6	政策法规	发布政府机关有关养老的政策(市、区可按照权限自行发布)
7	广告管理	可以发布包括文字、图片、Flash等对联、浮动、弹出窗口的广告
8	问答管理	方便民政部门或社区的工作人员解答用户提出的专项问题
9	在线服务功能	以在线聊天的方式及时解决用户对网站模块的问题

4.6.2.10 主动关怀

主动关怀模块综合运用手机、计算机等通信设备,向老年人推送生日祝福、节日问候、天气状况、保健护理、疾病预防、政府的养老政策等信息,让老年人感受到政府和社会的关爱。

4.6.2.11 平台管理

平台管理模块主要实现政府、运营公司和服务中心的管理人员查询、监听、统计、评估话务员的工作及工作量等。

4.6.2.12 业务受理

老年人通过智能终端接入平台后,平台值班坐席显示老年人业务需求受理界面，服务中心的工作人员受理业务（包括家政、送水、旅游、急救等）。

4.6.3　智能终端

4.6.3.1　呼叫器

养老机构可以将呼救应急设备连接到养老呼叫中心，一旦有突发事件，服务平台把应急报警信息发送到呼叫中心，并通过呼叫器与呼叫中心紧急通话。

4.6.3.2　智能手表

在安全方面，像智能手表这样的穿戴设备通过 GPS 技术，随时定位老年人的位置，子女不再担心父母走失或迷路；老年人在摔倒或突发疾病时，可以一键紧急求救，通知急救中心和家属，可以在第一时间获得救助；智能手表监测到脉搏异常时会主动报警，家属和医护人员可以主动了解情况，从而对老年人进行救助。

在健康方面，通过智能手表、手机或计算机，平台可以远程自动监测老年人的日常作息规律、脉搏数据、活动量等，保证最基本的健康监护；还可以通过智能手表外接蓝牙医疗设备，监测老年人的血压、血糖等健康指标，这些自动采集的健康信息加上老年人定期体检录入的数据被养老机构整合成持续的健康档案，可以对老年人进行更全面的健康监测、预警、建议和指导、干预等一系列的健康管理，帮助老年人防控心脑血管等疾病的意外突发风险，形成健康的生活方式，也有助于对老年常见慢性病的预防和康复治疗。

4.6.3.3　健康监测仪器

健康监测仪器包括心电仪、血氧仪、血压仪、血糖仪等。

4.7　居家养老服务商城

居家养老服务商城系统包含两部分内容，分别为 PC 端居家养老服务商城和手机微信端居家养老服务商城。老年人和其亲属可以通过这两种方式查询和购买服务。

4.7.1 PC 端居家养老服务商城

PC 端居家养老服务商城是一个集合辖区内所有养老服务商的服务信息的网络商城，商城网站对老年人所需的服务进行了分类，并详细地阐述和说明了每个服务项目，让老年人及其亲属方便易懂。老年人及其亲属在找到所需服务后，单击并买单，然后填好地址，服务商立即派社区服务人员前去服务。居家养老服务商城的栏目架构如图 4-6 所示。

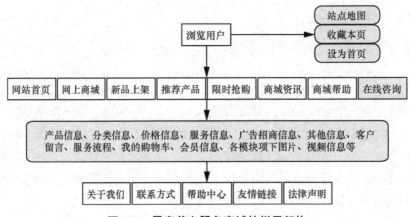

图4-6 居家养老服务商城的栏目架构

居家养老服务商城系统的功能见表 4-4。

表4-4 居家养老服务商城系统的功能

序号	功能	说明
1	多品种服务商品	针对老年人的服务需求，居家养老服务商城不仅提供适用于老年人的日常商品，同时也为老年人准备了为其量身定制的服务产品，诸如健康检测服务、家政服务等
2	多种下单方式	针对不同老年人的实际生活情况，居家养老服务商城为老年人提供了多种下单方式，如网站直接下单、拨打服务热线下单、微商城下单和手机浏览器下单
3	多模式用户购物	居家养老服务商城有多种模式的购物方式，分别为注册会员购物和非注册会员购物，不同的会员级别享受不同的优惠
4	优惠促销方案	居家养老服务商城提供多种的优惠促销方案，包括满额送礼品、满额打折、满额送购物券、积分换赠品、买几送几、满额免运费等
5	限时抢购活动	服务商借助居家养老服务商城进行限时抢购活动，还可以在后台随时增加限时抢购的商品，这样可以快速提高网上商城的人气、回访率及销售额

（续表）

序号	功能	说明
6	生成纯静态页面	居家养老服务商城可以生成纯静态页面，提升网站访问速度，减轻服务器负担
7	自定义扩展属性，支持所有种类商品	居家养老服务商城采用先进的自定义属性技术，每个商品都可以设置特定的属性，如食品的生产日期、保质期、配料等参数。每个商品还可以设置不同的可选属性，如衣服色彩可选择白色或蓝色、内存可选择256MB或512MB等。每个分类还可以拥有自己的默认属性，如计算机类可以显示CPU、内存、硬盘、显示器等参数
8	多维展示，活灵活现	居家养老服务商城采用最新多维的商品展示技术，引导供应商全面地展现商品的外观及性能
9	多种支付方式	网上商城支持多种支付方式
10	多种广告技术	网上商城采用领先的广告模式，使广告展示尽显大家风范
11	优惠券	当收到优惠券的用户在网上商城购物时，只要输入正确的优惠券账号，就可以打折或抵现金消费
12	多种商品分类	网上商城提供产品类型分类、品牌分类、最新商品分类、最新特价商品分类、最新热卖产品分类、抢购商品分类等
13	商品排行榜	网上商城自动将商品人气值从高至低排列，供用户了解人气商品排行
14	便捷的商品检索	客户可以非常便捷地查询与检索所需要的产品，网上商城提供多种商品检索方式
15	购物车	用户通过购物车功能实时了解当前所购买的商品总价，实时增删购物车中的商品
16	自动生成订单	网上商城将客户资料、产品资料、总金额、支付方式、配送方式等信息自动生成完善的订单，并发送到商城管理后台，供商城管理员实时处理
17	商品/服务评论	用户可以就不同商品发表评论，也可查看其他用户对商品/服务的评论信息
18	公告查看	网上商城可以发布不同的公告类信息供用户查看，使用户了解商城的动态信息、了解最新产品的信息
19	商城快讯	网上商城可以发布相关的资讯供用户查看，使用户了解商城的动态信息、了解最新产品的信息
20	底部导航	网上商城的底部可以显示相关的底部导航链接，如购物指南、汇款须知、关于我们等
21	帮助中心	帮助中心可以显示与网上商城有关的购物流程等帮助信息，供用户浏览
22	电子杂志订阅与退订	用户可以在网上商城订阅或退订电子杂志，退订时商城可以让用户选择退订原因
23	历史浏览记忆	网上商城用户界面可以记忆每个用户近期浏览的商品记录，用户很容易从记录中找到自己感兴趣的商品
24	在线咨询	用户可以在线提交留言，工作人员对该留言进行审核和回复等操作
25	账号和密码找回	用户可以通过该功能找回自己忘记的账号和密码
26	防暴力破解锁IP	用户多次登录出错几次后，商城网站会自动锁定登录者IP，让他无法继续操作。此功能防止恶意破解会员账号信息的行为
27	订单查询	用户输入订单号码，即可查到该订单的相关信息
28	运单跟踪查询	用户通过该功能可随时掌握商品的配送情况

4.7.2 手机微信端居家养老服务商城

老年人及其亲属不仅可以通过官方微信服务号中的微商城查询和购买居家养老服务的商品，同时居家养老服务机构可以通过官方微信服务号向用户推送最新的养老服务信息和居家养老服务促销信息。

4.7.2.1 系统总体架构

手机微信居家养老服务系统的总体架构包含微信公众号、微信后台和微官网应用三部分。

4.7.2.2 微信后台处理流程

微信后台处理流程如图4-7所示。

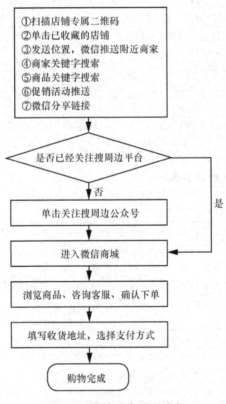

图4-7 微信后台处理流程

4.7.2.3 微信商城订单流程

微信商城订单流程如图 4-8 所示。

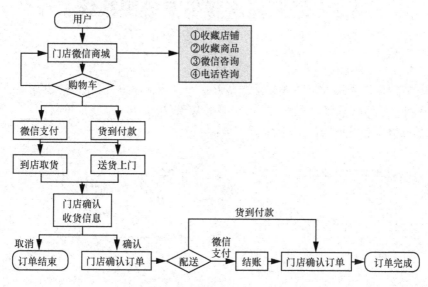

图4-8　微信商城订单流程

4.7.2.4 微官网应用流程

微官网应用流程如图 4-9 所示。

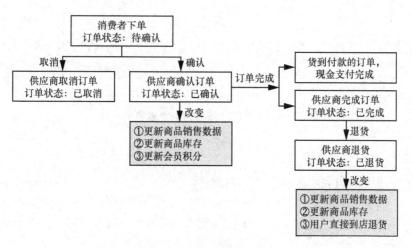

图4-9　微官网应用流程

4.8 居家养老服务商管理系统

居家养老服务商管理系统包括服务商加盟平台管理系统、服务商配送及服务管理系统、社工服务管理系统和志愿者服务管理系统。

居家养老服务商管理系统的构架如图4-10所示。

图4-10 居家养老服务商管理系统的构架

4.8.1 服务商加盟平台管理系统

服务商加盟平台管理系统是管理居家养老服务商的基本资料及其在养老服务平台上开设的店铺的系统。

4.8.2 服务商配送及服务管理系统

4.8.2.1 网络基本结构

服务商配送及服务管理系统采用的是混合拓扑结构,各个环节之间的数据是实时交互的。服务商配送及服务管理系统网络基本架构如图 4-11 所示。

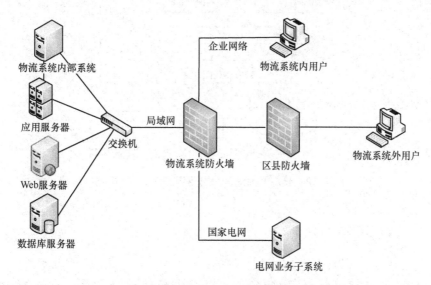

图4-11 服务商配送及服务管理系统网络基本架构

4.8.2.2 应用架构

服务商配送及服务管理系统是依托 Java 2 平台企业版(Java 2 Platform Enterprise Edition,J2EE)平台的分层结构而设计的,采用浏览器/服务器(Browser/Server,B/S)模式。根据物流信息配送管理系统的特点,我们可以将物流及服务配送管理系统分成三层架构,即客户显示层、控制层和数据库层。其应用架构如图 4-12 所示。

4.8.2.3 逻辑分层结构

根据系统的功能需求分析,基于 J2EE 平台的服务商配送及服务管理系统主要由六层功能模块组成,包括前台订单跟踪管理模块、后台订单管理模块、配送范围管理模块、订单配送及车辆管理模块、订单配送路线管理模块和配送点管理模块。

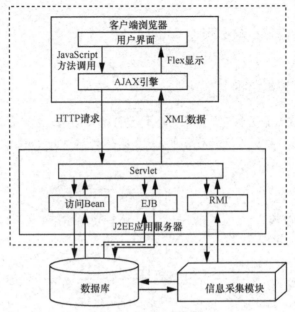

图4-12 服务商配送及服务管理系统的应用架构

4.8.2.4 系统功能设计

（1）前台订单跟踪管理

前台用户进入首页，输入要查询的订单号，然后提交，如果查询成功，系统显示查询结果，否则不显示查询结果。

（2）后台订单管理

后台订单管理包括订单的增、删、改、查等功能。以下订单为例，管理员登录后台系统，单击"订单管理"，再单击"下订单"，然后填写表单信息，系统判定数据是否合法，如果合法，那么系统显示添加成功，管理员修改数据库。

（3）配送范围管理

配送范围管理包括配送范围的增、删、改、查等功能。以增加为例，管理员登录后台系统，单击"配送范围管理"，添加"配送范围"，然后填写表单信息，系统判定数据是否合法，如果合法，那么系统显示添加成功，最后公司领导进行人工审核，符合要求的，管理员修改数据库，添加一条新记录。

（4）订单配送及车辆管理

订单配送及车辆管理包括订单配送车辆的增、删、改、查等功能。以增加车辆信息为例，管理员登录后台系统，单击"订单配送车辆管理"，再单击"增加车辆信息"，然后填写表单信息，系统判定数据是否合法，如果合法，那么系统显示添加成功，管理员修改数据库，添加一条新记录。

（5）订单配送路线管理

订单配送路线管理包括订单配送路线的增、删、改、查等功能。以增加订单配送路线信息为例，管理员登录后台系统，单击"订单配送路线管理"，再单击"增加订单配送路线信息"，然后填写表单信息，系统判定数据是否合法，如果合法，管理员填写路线价格；系统再次判定数据是否合法，如果合法，那么系统显示添加成功，管理员修改数据库，添加一条新记录。

（6）配送点管理

配送点管理包括物流配送点的增、删、改、查等功能。以增加配送点信息为例，管理员登录后台系统，单击"物流配送点管理"，再单击"增加配送点信息"，然后填写表单信息，系统判定数据是否合法，如果合法，那么系统再判定是否注册管理员，如果是注册管理员，那么系统显示添加成功，管理员修改数据库，添加一条新记录。

4.8.3 社工服务管理系统

4.8.3.1 社工组织

（1）组织结构分析

社工服务管理系统的组织结构主要包括民政局、社区居民和社工，其中社区居民是民政局服务的对象，社工则是民政局雇用的具有一定服务技能的工作人员。社工会定期走访社区居民，并为社区居民提供各种专业服务；社区居民可以主动向民政局提出服务请求，也可以在社工上门走访时请求社工帮助解决各类问题，并且居民在享受社工服务后，能够向民政局反馈服务质量，以对社工服务起监督的作用。社工服务管理系统组织结构及其业务关系示意如图4-13所示。

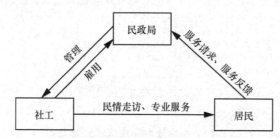

图4-13 社工服务管理系统组织结构及其业务关系示意

（2）社工角色分析

以下从社工服务在线管理系统的实际需求分析，该系统涉及以下角色，具体见表 4-5。

表4-5　角色分析

角色	职责或功能
社工	由民政管理部门招聘的服务人员，他们具备一定的日常护理技能，能够为社区内的居民，特别是中老年人，提供定期看护、养老护理、家政服务、生活帮助、信息提供等多方面的服务
居民	居住在社区内的居民，是社工的服务对象，也是系统的主要参与者，主要进行服务请求和服务反馈等
民政管理员	对社工及其服务工作进行管理的民政工作人员，主要进行服务受理登记、任务分配、帮助社工进行工作记录，以及实施对社工的绩效统计等
系统管理员	主要负责设置和管理系统参数

4.8.3.2　系统数据流分析

数据流是系统逻辑功能的图形表示，它描绘信息流和数据从输入到输出的过程中所经受的变换，还描绘数据在软件中流动和被处理的逻辑过程。

以下从功能分析的角度出发，社工服务管理系统的数据流如图 4-14 所示。

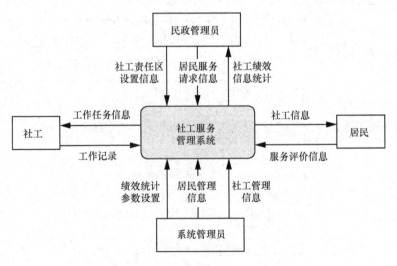

图4-14　社工服务管理系统的数据流

从图 4-14 中我们可以看出，系统的参与者主要分为四类：社工、居民、民政管理员和系统管理员：民政管理员通过系统为社工设置责任片区，并受理居民的服务请求，将其登记到系统中；社工通过系统查看走访和服务的居民列表，并将走访服务的工作结果登记到系统中；居民则通过系统获得上门服务的社工信息，并将社工的服务质量反馈到系统中；系统管理员主要是查看和维护系统相关的参数，并设置系统的参数。

4.8.3.3 总体功能架构

社工服务管理系统的总体功能架构如图 4-15 所示。

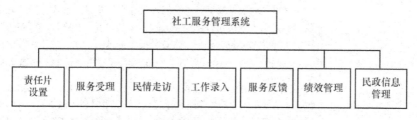

图4-15 社工服务管理系统的总体功能架构

如图 4-15 所示，社工服务管理系统一共有 7 个模块，各模块的功能见表 4-6。

表4-6 社工服务管理系统的模块及功能

序号	模块	功能
1	责任片区设置	民政管理员通过该模块设置社工所负责的责任片及责任片内的居民用户，设置后形成的社工责任片区信息将为服务的受理、工作分配提供直接的依据
2	服务受理	该模块提供给民政管理员和居民使用。民政管理员可使用该模块设置各社工负责的责任片区信息，也就是根据区域范围，划分一定的社区居民给相应的社工，作为社工走访服务的对象；民政管理员也可使用该模块登记和处理居民通过电话或在民政局办公地所提出的服务请求，并根据居民所属的区域和社工的责任片区，将需求与能够提供服务的社工对接
3	民情走访	该模块主要提供给社工使用。社工可使用该模块的社区走访任务分配功能，快速获得待走访的居民列表及居民的基本信息和历史服务信息等，然后安排自己最有效的走访路线；社工在完成对居民的走访和服务任务后，还可以使用该模块的工作记录撰写功能，以文字或语音的形式记录下工作的内容和成果

(续表)

序号	模块	功能
4	工作录入	该模块主要提供给民政管理员使用。民政管理员使用该模块的语音文字转换功能，将社工以语音形式录入的原始工作记录转换成相应的文字信息；还可以使用工作记录审核功能，修正和审核社工形成的工作记录，原始工作记录在审核通过后形成正式的社工工作记录
5	服务反馈	该模块主要提供给居民使用。居民使用该模块的社工查询功能，通过手机扫描社工的二维码，获得社工的基本信息，并进一步通过该模块的服务反馈功能，向系统提供自己对社工服务的评分和评价信息
6	绩效管理	该模块主要提供给系统管理员、社工和民政管理员使用。系统管理员使用该模块的积分权值设置功能来设置用于社工绩效评分的积分项权值；系统管理员还可以每隔一定周期（如每月、每季度、每年等）使用该模块的绩效统计功能，统计各社工的绩效情况，形成相应的绩效评分和统计报表；民政管理员和社工则可使用该模块的绩效查询功能，查看绩效成绩
7	民政信息管理	该模块主要提供给系统管理员使用。系统管理员使用该模块设置与管理系统内的居民信息和社工信息，实现管理和维护民政基础信息的功能

4.8.4 志愿者服务管理系统

志愿者服务的主要特征是无偿性、志愿性、公益性。社区志愿者服务本身就是社会主义精神文明建设的一个重要内容，在缓解社会矛盾、促进社区安全方面具有巨大作用，同时还有整合资源的功效。社区志愿者为社会和谐、稳定发挥着不可替代的作用。

社区志愿者服务管理系统的模块及功能见表4-7。

表4-7　社区志愿者服务管理系统的模块及功能

序号	模块	功能
1	志愿者管理	①添加新的志愿者，录入志愿者基础信息。个人或团体也可以在网上报名； ②编辑更新志愿者信息。管理员可以修改/更新已注册的志愿者除用户名外的信息
2	团队管理	①新建团队，录入团队编号、所属协会、所属区域等相关信息； ②团队成员管理，增加/删除团队的成员； ③团队信息的编辑更新、删除、搜索查询、导出查询结果； ④新增团队的审核，审核未通过的团队无效

(续表)

序号	模块	功能
3	活动管理	① 增加新活动，录入活动名称、联系人、任务发起人、所属区域等信息； ② 活动信息的编辑更新、删除、搜索查询、导出查询结果； ③ 活动审批，新增的活动要经过审批
4	角色管理	① 自定义增加角色，录入角色编号、名称等相关信息； ② 为各角色分配各模块的读、写权限
5	系统管理	① 系统日志管理，日志包括所有用户登入系统和退出系统的时间和IP，管理员可以查看和删除没用的日志以减少系统的空间负担； ② 权限设置，为各角色分配权限； ③ 系统用户管理，新增用户、冻结/删除用户、为用户赋予角色身份； ④ 序列号管理，管理活动和团队的编号规则，管理员可以根据系统提示的表达式自定义各种编号的生成格式； ⑤ 修改密码，系统的所有用户都可以修改自己的密码。如果用户忘记密码，管理员可以帮用户初始化为固定的密码
6	志愿者统计查询	按照条件对志愿者进行分类，方便管理志愿者
7	基础数据管理	管理系统中使用的一些基础数据，一般是作为选择项目在各表单中使用
8	短信群发管理	① 管理员可以设置短信发送功能的开和关，可以为志愿者或其他人员设置免费发送的短信数量，还可以单个或者批量地发送短信到用户的手机； ② 短信功能方便一些活动的通知以及一些工作的汇报，志愿者可以在不登录系统的情况下汇报工作
9	志愿者等级考核	活动中表现突出的志愿者可以适当加分，同时有表现不好或有违规行为的志愿者也要扣分，这样便于管理员对志愿者工作的评估和年底等的考核评奖等事宜

4.9 居家养老服务系统的安全

4.9.1 安全管理模型

居家养老服务系统的安全建设策略如图 4-16 所示。

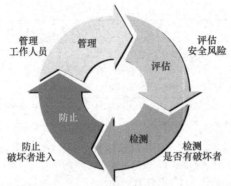

图4-16　居家养老服务系统的安全建设策略

通过对系统安全风险的分析，我们可建立如图4-17所示的安全架构。

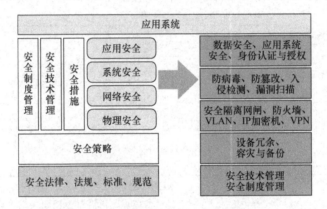

图4-17　居家养老服务系统的安全架构

其中，安全制度管理包括管理制度与管理手段，如审计措施等；安全技术管理包括设备管理、网络管理、系统管理（包括中间件）、应用管理和用户管理等；安全措施分别从物理安全、网络安全、系统安全、应用安全四个方面，每一层安全措施会根据不同的风险采取不同的应对措施。

4.9.2　安全对策

安全体系的建立应充分分析信息系统的特点及潜在的风险，参照国际上先进的安全体系理论以及现有的安全标准规范，采用有自主知识产权和经权威部门认证的国内安全产品，构筑整体的安全保障环境。

总体来说,我们应从设施物理层安全、网络层安全、主机系统安全、应用系统安全、系统容灾、安全审计及安全管理制度等角度分析和建立安全防护体系。

4.9.2.1 物理层安全对策

物理层安全的三个方面如图 4-18 所示。

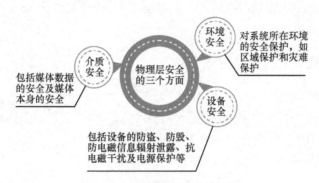

图4-18 物理层安全的三个方面

为保证网络的正常运行,物理层安全方面应采取图 4-19 所示的措施。

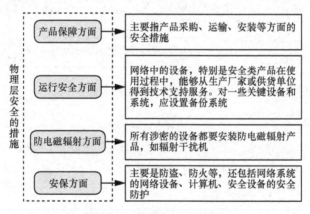

图4-19 物理层安全的措施

4.9.2.2 网络层安全对策

从网络层次考虑,设计人员将网络系统设计成一个支持不同级别用户或用户群的安全网络,该网负责保证系统内部的网络安全。

网络层采用防火墙安全防护机制,主要进行 IP 包过滤和特定路由限制,保护网络核心主体的安全,即在与服务器网络连接处配置防火墙是保证系统安全的第一步，也是系统建设时首要考虑的问题。防火墙通过监测、限制、更改通过"防火墙"的数据流，保护内部应用系统不受外部的攻击。

入侵检测系统与防火墙的结合使用，可以形成主动性的防护体系。

网络层还采用网络安全检测（包括对网络设备、防火墙、服务器、主机、操作系统等的安全检测）方式，使用网络安全检测工具，用实践性的方法扫描分析网络系统，检查报告系统存在的弱点和漏洞，建议补救措施和安全策略，达到增强网络安全性的目的。

4.9.2.3 主机系统层安全对策

（1）操作系统安全

操作系统是应用软件和服务运行的公共平台，操作系统安全漏洞是网络入侵的重要因素。因此，我们必须选择安全的操作系统平台。

一个安全的操作系统应具备如图4-20所示的特征。

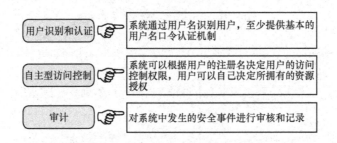

图4-20 安全的操作系统应具备的特征

对于重要的服务器系统，相关人员应该选择安全级别更高的操作系统，或者通过改造操作系统达到B1级以上，即实现强制型访问控制功能；系统具备强制用户认证机制（比如一次性口令或基于公钥的证书认证），不在网络中明码传输口令或密钥。

需要注意的是，操作系统的安全级别并不能保证系统在实现和配置上没有安全漏洞，因此，操作系统必须和下文中介绍的系统安全管理手段相结合。

另外还需说明的是，除了系统管理员以外，绝大多数用户是通过运行在服务器上的应用系统来访问信息的，因此，操作系统安全设计的主要目标在于防止入侵系统和非授权的访问，业务信息的保密应该由应用系统来完成。

（2）应用软件和数据库系统安全

软件的使用需要经过有关部门的认证，用户从网络下载的免费软件不经过检查与批准一律不许使用。

数据库系统必须具备用户认证、基于角色或用户组、数据视图的访问控制功能，防止入侵者越过应用系统的控制直接访问数据库。

为了防止操作系统或应用系统被攻破，因此，对于机密字段，系统管理员在数据存储/读取时应加密/解密。但是由于对性能和管理的影响，系统管理员对数据库字段的加密一定要慎重。

（3）系统安全管理和系统病毒防范

事实上，系统的漏洞多数发生在系统的实现和配置阶段。系统的安全管理活动主要包括以下几点。

① 系统脆弱性检测与打补丁，定期检测、扫描系统的安全漏洞，及时联系操作系统厂家和国内外安全事件协调中心（如CERT、CCERT等），弥补操作系统在设计上的安全漏洞。

② 用户管理包括口令调协、用户环境、授权管理等。

③ 系统服务管理和环境设置。

④ 主机系统的审计分析与入侵监测，定期检查系统的审计记录，分析可能的入侵或入侵企图。

病毒防范是系统安全管理的一项重要内容。系统管理员要实时地监测系统、定期地扫描与杀除病毒，并通过厂家及时更新病毒特征码库，跟踪最新病毒。

4.9.2.4　应用系统安全对策

应用系统面临的主要安全威胁是因非授权的数据访问而造成的信息泄密和内部人员滥用权力的有意犯罪。应用系统安全设计的主要目标是保证信息的保密性与完整性，该目标主要依赖认证、加密、访问控制、数字签名等安全服务来完成。应用系统需做的安全设置有：本地认证、登录双向身份认证（包括数字证书验证、私钥签名验证）、权限控制、数据的数字签名与认证等。

4.9.2.5　系统容灾对策

对于一个大型计算机网络和集中式应用系统，精确计算分配系统的可靠性指标不仅十分复杂，还涉及端系统、互联设备、物理线路等各个层次的各种实体，我们一般需要考虑平均无故障时间、平均故障时间、平均故障修复时间和可用性四项指标。采用最终用户可用性指标来衡量整个系统的可靠性是一种简便易行、便于工程测量的方法。

为了保证系统的安全可靠，除了场地、环境安全应遵循的有关标准外，系统管理人员最好采取以下容错容灾措施。

① 选用高可靠性的计算机系统和网络设备，重要的服务器系统和网络中心的关键设备都应实现硬件或配件冗余，具备容错功能。

② 数据备份，配置磁带机，系统管理人员可对系统和重要数据进行定期备份或实时备份。

4.9.2.6 安全审计对策

安全审计是提高网络安全性的重要工具。它不仅能够识别谁访问了系统，还能指出系统正被怎样地使用。对于确定有网络攻击的情况，审计信息对于确定问题和攻击源很重要。同时，系统事件的记录有助于管理者更迅速和系统地识别问题，并且它是事故处理的重要依据，为网络犯罪行为及泄密行为提供取证基础。另外，我们通过对安全事件的不断收集与积累并且加以分析，有选择性地对其中的某些站点或用户进行审计跟踪，以便及时发现并预防可能产生的破坏性行为。

一个功能较完备的安全审计系统应由三个层次组成，具体如图4-21所示。

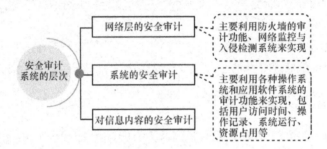

图4-21 安全审计系统的层次

采用各层次的安全审计措施是网络安全系统的重要组成部分，而对审计数据的维护是其重要的内容之一。网络系统的建立者应建立安全审计中心或审计小组，统一地处理与管理各层次的审计数据。

4.9.2.7 数据交换过程中的安全保障

数据交换过程中的安全保障主要指信息在交换过程中不能被非法篡改、不能被非法访问、数据交换后不能抵赖等。

系统应支持超文本传输安全协议（Hyper Text Transfer Protocol over Secure Socket Layer，HTTPS），通过安全套接层（Secure Sockets Layer，SSL）协议实现数据防篡改、数据加密等功能。

第5章 养老机构管理系统的建设

信息化技术及物联网技术的发展为智慧养老提供了技术保障。养老机构管理系统的目的是为机构养老提供高效便捷的管理应用平台。

养老机构管理系统应根据养老机构的特点、业务流程、服务项目、管理要求和各种延伸需求等，围绕利用先进的信息技术手段实现"以入住老年人为中心，规范养老服务，强化内部管理，宣传品牌形象"的目标而展开，同时，针对老年人的心理和生理特点，以信息化技术为核心，采用先进的计算机技术、通信技术、无线传输技术、控制技术，为老年人提供一个安全、便捷、高效、智能、舒适的养老综合服务。

5.1 养老机构管理系统的需求及分析

5.1.1 传统的养老机构管理系统

养老机构是一个为老年人提供集体居住,具有完整的配套服务设施的场所。养老机构一般提供住宿、膳食、护理、休闲、医疗、财务管理等服务项目,作为一个小型社区,其业务相对复杂。同时由于入院老年人的身体状况各不相同,需求各异,为了保障老年人的安全和身心健康,合理地调配各种资源,提高看护服务水平和工作效率,做好养老爱老服务工作,养老机构一般会使用针对其自身业务特点开发的管理系统来协助其管理服务。

当前,国内比较专业的养老机构管理系统的主要特点如图5-1所示。

1. 从业务管理出发,涵盖养老机构的整个运作流程

    对老年人而言,养老机构管理系统涉及了从接待老年人的入院咨询开始,到老年人入院建档,再到住院过程中的管理、护理、缴费,再到离开养老机构;对养老机构的工作人员而言,养老机构管理系统涉及员工的基本信息及员工调动、离职、请假的信息管理;对于养老机构而言,养老机构管理系统涉及了仓库管理、床位信息管理、财务收费等切实相关的管理内容

2. 模块化设计,方便不同需求选择

    养老机构管理系统在实现核心模块的基础上根据不同用户的不同经营模式提供切合的版本。例如小型养老机构提供一台计算机主机的轻量型版本,在加强管理的同时又控制成本和节省实施时间;对于大型养老集团、连锁型养老公寓而言,提供C/S与B/S框架相结合的平台软件,支持各分支养老机构独立运用,同时设立管理中心整合资源管理

3. 简单易用

    当前的养老机构管理系统多提供交互性较好的界面,方便管理人员操作管理模块,输入、查看、打印、备份管理信息

4. 分级权限管理

    当前的养老机构管理系统实现了多级登录权限管理,对核心管理员、管理员、护理人员分配相应的登录权限。不同的登录权限所能操作的界面和功能也有所不同,工作人员只可查询授权范围内的数据

图5-1 传统养老机构管理系统的特点

5.1.2 针对养老机构的物联网应用分析

物联网技术在应用中，通过传感器、RFID等数据采集节点的布设增强了人们对环境变量及事物的感知能力。我们将物联网技术应用到养老机构中，充分利用物联网的感知能力，为养老机构中的老年人提供全天候的监护。目前，物联网技术的应用为老年人提供了位置服务、生命体征监控服务、呼叫服务等辅助管理功能。

5.1.2.1 位置服务

养老机构管理系统中添加位置服务功能模块主要是为了方便院方管理人员及老年人的子女获知老年人的当前位置。老年人由于记忆力减退以及疾病的影响，在外出时很容易遭遇迷路甚至走失的问题，位置服务功能模块可以准确地帮助院方工作人员或者老年人的子女找到老年人，实现实时追踪。

5.1.2.2 生命体征监控服务

随着养老机构规模的扩大，入住老年人数量的增加，养老机构中的工作人员将很难实时地看护每一位老年人。因此当老年人发生意外时很难在第一时间被救护，错过最佳的救护时间，可能造成严重后果，甚至危及老年人的生命安全。养老机构借助包括加速度传感器、脉搏传感器在内的传感器技术能够实时监控老年人的生命体征，当发生紧急情况时能及时提示养老机构中的工作人员。工作人员在位置服务功能模块的帮助下可第一时间找到老年人，然后对其进行相应的救护，从而确保院区老年人的生命安全。

5.1.2.3 呼叫服务

借助呼叫服务，养老机构中的老年人在需要护理或者遇到紧急情况时，可以通过语音直接与养老机构监护中心的工作人员沟通交流，工作人员在获得有效信息后及时满足老年人的护理要求。同时如果老年人请假外出，也可以通过此项服务与养老机构中的工作人员或者老年人的家属进行语音通话，以便获得更多、更有效的信息，增强了养老机构管理服务的人性化水平。

5.2 养老机构管理系统的构成

我们通过对当前养老机构需求分析的总结,确定了基于物联网的智慧养老机构管理系统的设计目标,即在满足养老机构基本业务管理需求的基础上,通过应用物联网技术,增添对住院老年人的关爱,加入看护管理的功能,进而提高养老机构的管理服务水平。

养老机构管理系统中引入物联网技术,即在管理软件开发的基础上添加了相关的硬件设计,以及软、硬件相结合所产生的新应用。整个系统的框架设计如图 5-2 所示。从系统的结构中我们可以看出,系统由软件部分和硬件部分组成;软件部分主要包含运行在养老机构看护管理中心计算机上的桌面看护管理平台软件以及供老年人的子女等访客访问的 Web 软件;硬件部分主要由腕表部分、读写器部分、无线数据中继器、监控计算机和服务器(数据服务器和 Web 服务器)组成。

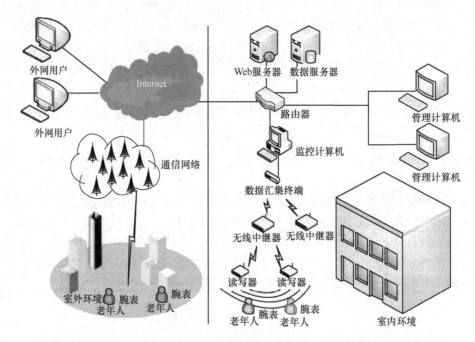

图5-2 基于物联网的养老机构管理系统的整体结构

5.3 养老机构管理系统的功能设计

养老机构管理系统的功能设计必须满足养老机构日常的管理看护需求，因此系统的功能可分为两大类：一类是借鉴传统的养老机构管理软件，并对其进行深化、总结、挖掘产生的业务管理功能，用以支持整个养老机构的业务流程；另一类是借助物联网技术所搭建的硬件平台。下面将分别对这两大类进行说明。

5.3.1 业务管理功能

养老机构的管理可按业务流程划分为六大管理功能模块，具体如图5-3所示。

图5-3 养老机构的六大管理功能模块

5.3.1.1 接待管理

接待管理主要管理和支持养老机构的接待工作，使其科学化、标准化、高效化，在提高接待水平的同时又方便管理人员查询过往的接待记录。接待管理的细分模块及说明如图5-4所示，本模块提供了对来访、接待记录的录入、查看，以及接待过程中可能涉及的养老机构的当前信息。

5.3.1.2 费用管理

费用管理是业务管理功能中比较繁重的一部分，包含了养老机构中各种缴费金额的设置，以及老年人在入院到出院的整个过程中的资金管理、费用缴纳。费用管理的细分模块及说明如图5-5所示。

模块	说明
接待登记	登记接待情况，包括接待时间，接待人，被接待人姓名、地址、联系电话、人数等信息。登记的信息可供随时查询和调用
来访登记	登记来访人员，包括来访日期、来访者姓名、人数、证件号码、联系电话、出入时间，被访者姓名、房号等信息。可供日后随时查询和调用
老年人资料查询	接待人员能够通过该功能查阅养老机构中所有老年人的情况
床位资料查询	接待人员能够通过该功能随时查阅养老机构内床位分布和入住情况，以便为看房或订房的人提供帮助信息
员工资料查询	接待人员通过该功能随时查阅养老机构中所有员工的信息

图5-4 接待管理的细分模块及说明

模块	说明
入住初始费设定	由具有费用修改权限的管理员设置老年人入住养老机构过程中所需要的缴费项目及金额，并将其作为缴费标准用于参考
月收费标准设定	由具有费用修改权限的管理员根据不同的护理级别设定月缴纳的费用数额，并将其作为缴费标准
特殊服务费设定	由具有费用修改权限的管理员设定收费项目、金额等，按老人的需求收费，并将其作为标准
代收费用	根据每位老年人的情况，列出老年人需要缴纳的费用项目及款项，并提供查询功能，让老年人及其家属能够知道每笔费用的出处
缴费记录	记录每位老年人的缴费信息，方便查询
退住办理	在老年人退住时，提供费用结算
费用结算	由养老机构财务管理人员按时对老年人的缴费情况进行结算
财务托管	对老年人在养老机构预存的资金进行管理，包括资金的流入、流出、账单等功能，由特权管理员操作，并提供查询服务

图5-5 费用管理的细分模块及说明

5.3.1.3 老年人管理

老年人是养老机构管理服务的中心，因此养老机构针对老年人的业务服务应该从老年人入院开始，涵盖老年人在养老机构中的衣、食、住、行，同时还可以提供一些温馨服务，如向老年人发出生日提醒和祝福。服务记录能方便老年人及其子女了解老年人在养老机构中的生活状况，老年人管理的细分模块及说明如图5-6所示。

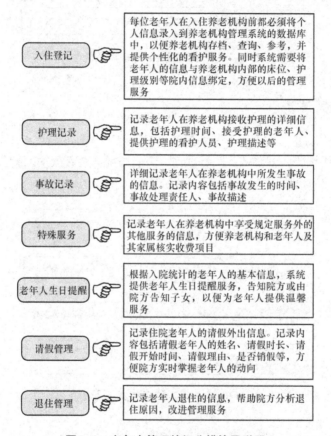

图5-6 老年人管理的细分模块及说明

5.3.1.4 人事管理

人事管理是针对养老机构内部员工设置的管理模块，用来管理人事档案及相关资料。养老机构了解每一位员工的信息，有利于更好地安排员工的工作。人事管理的细分模块及说明如图 5-7 所示。

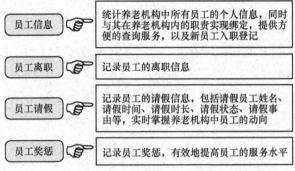

图5-7 人事管理的细分模块及说明

5.3.1.5 仓库管理

仓库管理功能主要是为了帮助养老机构管理物资储备，使其时刻掌握运转所需物资的最新状况，方便相关人员查询物资的情况。仓库管理的细分模块及说明如图5-8所示。

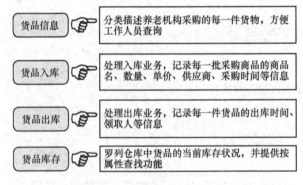

图5-8 仓库管理的细分模块及说明

5.3.1.6 系统管理

系统管理功能主要配置养老机构管理系统的软件平台，提供了管理员的增添、删除，不同管理员的权限设置、管理员密码的修改、系统运行默认参数设置以及系统运行日志等功能，使养老机构的管理者能够按照自身养老机构的需求配置软件平台，同时掌控平台的运行情况。系统管理的细分模块及说明如图5-9所示。

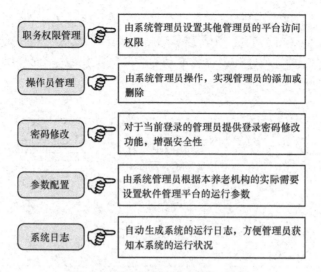

图5-9 系统管理的细分模块及说明

5.3.2 看护管理功能

养老机构通过在实体环境中引入腕表、读写器、无线数据中继器等硬件设备,扩充了养老机构管理系统,衍生了以老年人为中心的看护管理功能。看护管理功能包括如图 5-10 所示内容。

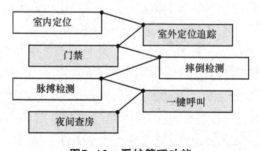

图5-10 看护管理功能

5.3.2.1 室内定位

室内定位功能主要是为了帮助养老机构中的看护人员迅速找到特定老年人而研发的。如图 5-11 所示,佩戴腕表的老年人在布设读写器的养老机构范围内走动,腕表被读写器读到后,读写器将定位数据通过无线数据采集终端发送到监控计算机中,监控计算机对数据进行处理,确定老年人所在的位置,在数据库中将其与老年人信息绑定,同时将老年人的位置通过图标的方式标注在指定楼层信息的平面图上。老年人位置变动后,其图标位置也会跟随变动,从而实现实时室内定位。

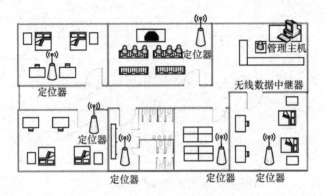

图5-11 室内定位功能模拟

为了便于看护人员的使用,室内定位提供查找功能。工作人员在寻找某个老年人时,通过在管理软件平台输入老年人的姓名或编号就可快速定位老年人的位置,为老年人的安全提供保障,为工作人员的管理提供强有力的支撑。

5.3.2.2 室外定位追踪

室外定位追踪功能主要是为了防止老年人在外出时迷路走失,方便养老机构中的看护人员和老年人的子女查看老年人的位置而研发的。

老年人佩戴的腕表内部集成了GPS定位模块,当老年人走出养老机构时,腕表工作模式由室内模式转换为室外模式,GPS模块被激活,定时将老年人所在的经纬度信息发送回养老机构。养老机构中的监控计算机接收到定位数据,进行处理存储后,以图标的方式标注在地图上,实现室外定位功能。

为了在多个外出老年人中迅速找到特定的老年人,室外定位也提供依据老年人的姓名或者编号进行查询的功能,同时可以通过调取数据库中存储的信息实现老年人外出轨迹标记的功能。

5.3.2.3 门禁

门禁功能主要是利用腕表中集成有源RFID所具有的远距离、非接触读取、多标签同时读取的特点而设计的,方便老年人的出入。

在通过一些重要的出入口，如在养老机构中一栋楼的出入口，老年人腕表中的有源 RFID 标签将会与布设在出口处的 RFID 读写器进行通信，识别老年人的信息后自动开、关门。在整个过程中老年人不用刷卡，也不用进行指纹、密码识别，实现了处理的自动化并提高了处理效率。同时，老年人每次的出入信息都会传到后台管理系统，并在数据库中记录。

5.3.2.4　摔倒检测

老年人自身机能的衰退以及各种疾病的困扰导致其在日常生活中容易摔倒，摔倒后就需要在第一时间被紧急救护，不然可能会造成严重的后果。

针对这一情况，养老机构在看护管理功能模块中加入了摔倒检测功能。老年人的腕表中加入加速度传感器模块，腕表中的控制模块定时采集加速度值，并按照检测算法对其进行处理判断，如果加速度值超过预定加速度阈值则判断为老年人摔倒，并将此信息通过射频模块发送到监控计算机，监控计算机处理存储后，在室内监护界面上标注摔倒的老年人，并语音提示看护人员。这样看护人员可以在第一时间做出反应，实现救护的实时性。

5.3.2.5　脉搏检测

老年人的腕表中加入脉搏检测传感器模块，可以使养老机构实时地监控老年人脉搏的变化，并将数据存储在数据库中。对过往数据的分析有利于养老机构及早地了解老年人身体状况的变化趋势，保证老年人的身体健康。

5.3.2.6　一键呼叫

老年人的腕表中集成了 GSM 通信模块，利用其语音通话功能提供一键呼叫的看护管理功能。老年人在有需求或者遇到紧急情况下，不论在室内还是室外都可以直接与养老机构服务平台联系。

5.3.2.7　夜间查房

管理平台在固定时间通过布设在房间中的读写器检查老年人的位置，并与数据库中注册的房间位置进行比对，确认每一位老年人是否在自己的房间。此功能的设置可减轻养老机构护理人员的工作负担，提高工作效率。

5.4 养老机构管理系统的软件设计

5.4.1 系统软件功能及架构设计

5.4.1.1 系统软件功能模块设计

养老机构有业务管理需求和看护管理需求两方面，为实现这些需求，养老机构管理系统软件应具备如图5-12所示的功能。

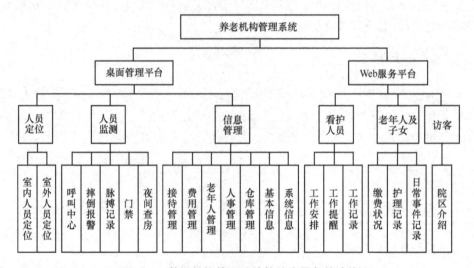

图5-12 养老机构管理系统软件应具备的功能

从图5-12中我们可以看出，软件平台分为两部分：一部分是面向养老机构管理人员的桌面管理平台，主要是将养老机构业务管理功能以及看护管理中的信息管理、人员监测和人员定位等功能集合；另一部分是Web服务平台，使看护人员、老年人及子女、普通访客通过浏览器直接获取所需的信息。

桌面管理平台软件所要实现的功能比较多，为了提供友好的、操作便利的交互界面，我们可重新规划这些功能，将所有要实现的功能并入院内监护子系统、院外监护子系统和信息管理子系统。

（1）院内监护子系统

图5-13所示为院内监护子系统所要实现的功能。院内监护的目的是要实现对养老机构内老年人的生活起居、身体状况、看护需求进行监控管理，因此其软件呈现方式选择以养老机构各个区域的平面设计图为背景，将老年人的位置实时地在平面图上以图标形式显示，图标随着老年人位置的移动而移动，这实现了对老年人室内定位的功能；同时还可修改图标显示方式并增加语音提示实现老年人的摔倒报警和一键呼叫功能，还可以在图标上添加包括老年人姓名、房间号、脉搏等信息实时查看老年人的状态。

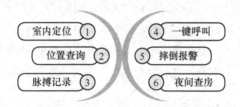

图5-13　院内监护子系统的功能

该系统将通过在显示界面添加搜索框、控制按钮的方式实现查询老年人位置及夜间查房功能。工作人员若想要查询老年人的当前位置，可在院内监护管理界面输入查询内容，单击功能按钮就可以在交互界面的室内平面图上看到结果。同时为了增强信息的可视性，该系统在交互界面也应该有信息列表，用来呈现查询结果以及显示更多的老年人的信息，方便看护管理人员查看。

（2）院外监护子系统

院外监护子系统的设立主要是为了保证老年人外出时的人身安全，同时提供相应的应急支持。院外监护子系统的功能如图5-14所示。

图5-14　院外监护子系统的功能

监护服务的设计与养老机构内监护软件部分的设计大体相似，都实现了一键

呼叫、老年人摔倒报警、脉搏记录和位置查询功能。有所区别的是，室内定位使用的参考地图是楼层的设计布局图，可以按照实地环境绘制，而室外定位是通过 GPS 获取的地理位置数据，因此需要选择统一的电子地图实现。

该系统将某电子地图嵌入到桌面管理软件的院外监护界面中，借助该电子地图的 API 进行室外定位开发。定位功能应该可以提供对外出老年人的实时定位和外出路径跟踪，同时为了查找到指定的老年人，应该设计按属性查询功能。

（3）信息管理子系统

桌面管理中的信息管理子系统与硬件部分交集不多，其设计的焦点放在了信息的录入、查询和显示上。

养老机构环境不是一个独立的局域网络，它需要与外界沟通，需要让老年人的子女不论身处何处都可以实时地获知老年人的状况，需要让工作人员可以在家中了解自己的工作计划，需要提供一个窗口让更多的人不需要实地拜访就能了解该养老机构，而这一切就是养老机构管理系统中 Web 服务所要实现的。

5.4.1.2 系统软件架构设计

基于物联网的养老机构管理系统的上位机软件部分由桌面看护管理平台和 Web 网站平台两部分组成：桌面看护管理平台要处理的事务较多、数据交互频繁，采用 C/S 结构模式的胖客户端设计；Web 网站平台采用的是瘦客户端的 B/S 结构模式。整个养老机构管理系统的软件部分由 C/S 和 B/S 的混合结构模式来搭建。

基于"高内聚、低耦合"的软件设计标准，养老机构在设计时对系统软件进行了模块划分，同时借鉴"三层架构（表示层、业务逻辑层、数据访问层）"的软件架构设计思想设计了本管理系统的软件架构，如图 5-15 所示。

整个软件架构可以分成表示层、业务逻辑层和数据访问层，另外还有数据库部分。由于数据访问层中的数据库操作类和 ASP.NET 技术都是建立在 .NET Framework 的基础上，因此数据访问层和业务逻辑层并没有明确的分离，但在具体功能的实现上是分离的。我们将分别介绍各层的内容及功能。

（1）表示层

表示层主要包含养老机构管理系统的桌面客户端和浏览器网站两部分：桌面客户端将给相关人员提供一个交互界面，相关人员通过该界面可进行数据录入、功能选择、结果输出，实现业务管理和看护管理；网站部分则通过浏览器实现了访客随时访问养老机构。另外，引入物联网的概念后，腕表也可以被看作是一个用户，它通过系统提供的各种硬件接口与软件系统交互。

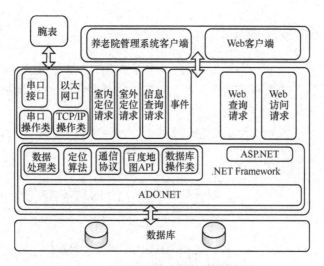

图5-15　养老机构管理系统软件部分架构

（2）业务逻辑层

业务逻辑层是连接表示层和数据访问层的桥梁，所有的系统功能和业务逻辑都在这一层中进行处理。桌面客户端的查询请求、控件事件请求、定位请求、数据输入等汇聚到业务逻辑层，业务逻辑层对这些请求进行分类，然后借助通信协议、定位算法、数据处理类等自定义类以及像百度地图 API 这样的第三方类库，在 .NET Framework 的支持下进行分析处理，然后经由自定义数据库类和 ADO.NET 的帮助与数据库进行通信，最后将处理结果返还给表示层。来自浏览器方面的访问、查询等用户交互则使用 ASP.NET 技术进行处理、反馈。腕表部分的数据通信通过串口、以太网口接入软件系统，在串口操作类和 TCP/IP 操作类的帮助下接收数据，之后经由数据处理类进行分类、处理和储存。

（3）数据访问层

数据访问层主要提供对数据的操作，这一层将底层数据和业务逻辑分离开，提高软件的可维护性、扩展性和健壮性。

5.4.2　系统软件数据库的设计与实现

养老机构管理系统看护功能的实现依赖于对系统数据库的插入、查询操作。而作为可以提供信息管理的软件系统，数据库的设计、实施、运行、维护更是至关重要的。

5.4.2.1 数据库设计步骤

数据库设计是指对一个给定的应用环境，构造优化的数据库逻辑结构和物理结构，并据此建立数据库及其应用系统，使之能够有效地存储和管理数据，满足用户的信息管理需求和数据操作需求。设计的步骤如图 5-16 所示，其中需求设计和概念设计是不依赖于数据库管理系统的。每一步之间也不是独立的，步步推进的过程中也存在反馈的过程。

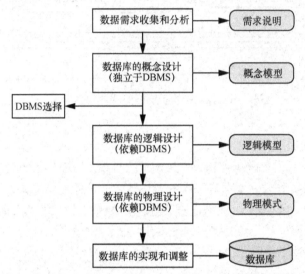

注：DBMS（Database Management System，数据库管理系统）。

图5-16 数据库设计的步骤

在设计数据库时，每一个阶段所要实现的目标各不相同，具体介绍如下。

（1）数据需求收集和分析

该阶段主要负责收集和分析应用环境的数据和信息，归纳总结业务功能，最终得到数据库的设计需求。

（2）数据库的概念设计

数据库的概念设计主要是指对数据需求进行分析、归纳和抽象，定义数据元素以及元素间的联系等关联属性，这里通常使用自顶向下设计的实体－联系（Entity-Relationship，E-R）模型进行表示。

（3）数据库的逻辑设计

数据库的逻辑设计则依据所选定的数据库管理系统，实现对概念设计的转化和优化。

（4）数据库的物理设计

数据库的物理设计是在逻辑模型的基础上针对物理存储规范、记录存储和索引进行设计的，用来确定数据库的物理结构。

（5）数据库的实现和调整

实现阶段则是在物理设计和逻辑设计的基础上，在所选取的数据库管理系统中建立数据库，并编写一定的调试程序，组织数据入库，进行运行调试，还要在运行过程中评估、调整和修改数据库。

5.4.2.2　养老数据库的需求分析

养老数据库的需求包括数据需求和事务需求两类。

（1）数据需求分析

数据需求是指用户需要从数据库中获得信息的内容与性质，主要有表5-1所示内容。

表5-1　养老数据库的数据需求内容

序号	项目	内容
1	老年人	姓名、性别、出生日期、民族、户籍、身份证号码（唯一）、病历编号、床号、标签号、自理情况、护理级别、亲属姓名、亲属电话、账户余额、老年人编号
2	标签	ID号、老年人姓名、身份证号码、亲属姓名及电话
3	老年人院区外定位记录	老年人姓名、定位时间、经度、纬度、记录编号（唯一）
4	老年人室内活动记录	老年人姓名、记录模式、记录时间、说明、记录编号（唯一）
5	接待记录	咨询人、咨询日期、联系电话、咨询意向、媒介渠道、计划入住时间、预约床号、接待人、咨询编号（唯一）
6	来访记录	来访人、受访老年人、来访日期、有效证件、证件编号、联系电话、来访编号（唯一）
7	护理记录	老年人姓名、护理员工姓名、护理日期、老年人健康状况、护理及用药情况、护理编号（唯一）
8	事故记录	老年人姓名、责任人、时间、事故类型、事故原因、操作员、登记时间、事故编号（唯一）
9	老年人请假记录	老年人姓名、请假时间、销假时间、请假原因、操作员、操作时间、请假编号（唯一）

（续表）

序号	项目	内容
10	特殊服务	老年人姓名、服务开始时间、服务结束时间、服务项目、服务说明、操作员、录入时间、是否缴费、特殊服务编号（唯一）
11	缴费记录	老年人姓名、缴费金额、缴费时间、操作员、缴费编号（唯一）
12	货品	货品名称、货品分类、规格、单位、单价、数量、仓库名、货品编号（唯一）
13	入库记录	采购员、货品编号、入库时间、付款方式、数量、供应商、入库编号（唯一）
14	出库记录	领取人、货品编号、出库时间、数量、出库编号（唯一）
15	房间	大厦、楼层、房间号、类型、朝向、读写器编号、房间编号（唯一）
16	床	房间编号、当前状态、床编号（唯一）
17	员工	员工姓名、性别、出生日期、身份证号码、民族、户籍、员工工号、员工类型、所在部门、职位、电话、入职时间、政治面貌、住址、学历、专业、在职类型、员工编号（唯一）
18	员工离职记录	员工姓名、离职时间、离职原因、离职编号（唯一）
19	员工请假记录	员工姓名、请假日期、销假日期、请假原由、说明、操作员、操作日期、请假编号（唯一）
20	员工奖惩记录	员工姓名、时间、奖惩类型、奖惩原由、金额、操作员、操作日期、奖惩编号（唯一）
21	月收费标准	护理级别、房间类型、管理费、服务费、床位费、伙食费、说明、收费标准编号（唯一）
22	特殊费用	类型、项目、价格、说明、费用编号（唯一）
23	系统参数	名称、值、说明、参数编号（唯一）
24	系统日志	操作员、操作模块、操作内容、操作时间、日志编号（唯一）

（2）事务需求分析

事务需求分析是指用户需要完成的处理功能。养老机构管理系统中用户应可以通过信息管理软件子系统记录数据库的事务需求（主要是老年人的需求）。看护管理软件所涉及的事务需求如图5-17所示。

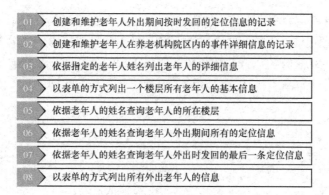

图5-17 看护管理软件所涉及的事务需求

5.4.2.3 数据库的概念设计

数据库的概念设计是指通过一组描述现实世界中的实体和实体间的联系,将现实世界转化为信息世界。我们通过分析对数据库的需求,将养老机构管理系统的应用环境抽象出各个实体,确定实体的属性以及实体间的联系,并借助PowerDesigner绘制出业务E-R图。

我们根据养老机构的业务以及数据需求可抽象出许多实体,包括老年人、员工、房间、标签、货物等在内的中心实体,同时更多的是针对这些实体所产生的业务实体。由于老年人和员工有很多相似的属性,因此我们将其共性抽象出有关人的实体,具体如图5-18所示,从而可减少数据的冗余。

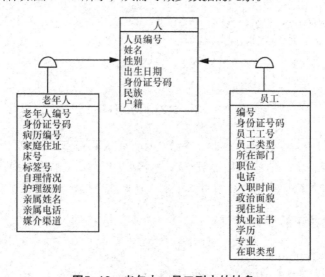

图5-18 老年人、员工到人的抽象

图 5-19 所示为围绕老年人的实体 E-R 图，包括老年人及与老年人相关的事故记录、护理记录、请假记录、特殊服务记录、缴费记录和来访记录，在硬件环境下老年人的代表标签以及与其相关的老年人院区内活动记录和老年人院区外定位记录；同时还定义了实体间的联系，包括老年人和标签间的 1：1 联系，老年人与其相关事务实体之间的 1：n 联系。

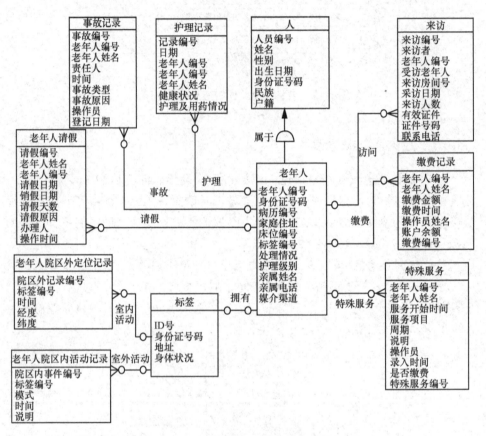

图5-19 围绕老年人的实体E-R图

接下来针对每个实体，我们确定其属性，定义其在数据库中存储的名称、数据的类型以及长度，同时再确定属性是否可控、主键与否、是否启用等特性，最后，结合数据库设计的承载数据库 SQL Server，并对其进行转换优化。

5.4.2.4 数据库的设计实现

（1）数据库的设计实现

我们通过分析优化设计中的数据库概念模型，使用 PowerDesigner 将其转换为逻辑模型、物理模型,最后将其导入 SQL Server 中。

在建立数据库模式后,设计人员载入数据库并测试数据,方便之后调试以及试运行应用程序,评估并进行修改。

(2)数据库操作类

在完成了数据库的设计后,我们针对之前数据库需求分析中的事务需求设计了专门的数据库操作类用以完成对数据库的操作。

5.5 养老机构智慧管理系统的硬件

系统的硬件部分主要由腕表部分、读写器部分、无线数据中继器部分、监控计算机和服务器(数据服务器和 Web 服务器)组成。

5.5.1 腕表

每一位入住养老机构的老年人在入院登记时都会领取一块具有唯一标识符,内部集成通信模块、数据采集模块、处理模块、供电模块等于一体的腕表。该腕表中写入了与老年人相关的数据信息,并由老年人携带以记录老年人在养老机构生活的全过程信息。

在养老机构范围内,作为运行在感知层中的设备,腕表通过自身携带的各类传感器实时地采集老年人的数据,同时通过无线射频网络(室内环境)或者经由移动通信网络(室外环境)将数据传输给读写器或者监控计算机,从而实现数据采集。

5.5.2 读写器

读写器亦称接口设备、卡接收设备、耦合设备等。读写器一般被认为是射频识别的读写终端设备。它不但可以阅读射频标签,还可以擦写数据,故叫读写器。IC 卡读写器是实现 IC 卡与系统之间的数据通信的重要装置。通用型 IC 卡读写器能够完成对 IC 卡信息的读出、写入和擦除等操作,并具有与外部设备进行通信的功能。

读写器的主要功能介绍如下。

① 实现与电子标签的通信：最常见的就是对标签进行读数，这项功能需要有一个可靠的软件算法确保读数的安全性、可靠性等。除了进行读数以外，我们有时还需要对标签进行写入，这样就可以批量生产标签，用户可按照自己的需要对标签进行写入。

② 给标签供能：在标签是被动式或半被动式的情况下，需要读写器提供能量来激活射频场周围的电子标签；阅读器射频场所能达到的范围主要由天线的大小以及阅读器的输出功率决定。天线的大小主要是根据应用要求来考虑的，而输出功率在不同的国家和地区，都有不同的规定。

③ 实现与计算机网络的通信：这一功能也很重要，读写器能够利用一些接口实现与上位机的通信，并能够给上位机提供必要的信息。

④ 实现多标签识别：读写器能够正确地识别其工作范围内的多个标签。

⑤ 实现移动目标识别：读写器不但可以识别不动的物体，也可以识别移动的物体。

⑥ 实现错误信息提示：对于在识别过程中产生的一些错误，读写器可以发出相关提示。

⑦ 对于有源标签，读写器能够读出有源标签的电池信息，如电池的总电量、剩余电量等。

养老机构管理系统中的读写器与 RFID 系统中的阅读器相似，在房间、走廊以及室外活动场所无盲点布设的读写器，能与老年人所携带的腕表进行通信，可获取老年人的位置以及读取传感器中的数据。

5.5.3 无线数据中继器

由于养老机构的监控范围比较大，读写器布设数量比较多，同时为了减少串扰，读写器的通信距离也会相应减小。因此如何使读写器读取腕表中的数据并将其汇总到监控计算机中成了一个待解决的问题。我们在设计中可使用无线数据中继器作为数个读写器的数据汇聚节点，例如在一层楼中放置一个无线数据中继器来收集整个楼层的数据，之后无线数据中继器将收集的数据汇集到一处，通过串口与监控计算机进行数据通信。

5.5.4 监控计算机

当前的软件系统不管是 B/S 框架还是三层 C/S 框架都强调层次化，将数据、控制、显示分离，各行其职，实现高内聚、低耦合，以提高复用和标准化，降低维护成本。监控计算机就是在此设计思路的基础上从养老机构管理系统的管理机群中剥离出来。监控计算机上运行着的后台服务程序，实现的功能主要包括：接收来自无线数据中继器发来的数据，分析数据包中的数据，将要存储的数据存储到服务器中，对处理的事件进行响应；处理来自养老机构内部的管理客户端的操作请求，并返回操作结果；负责与Web服务器和数据服务器进行通信，完成数据操作。总之，监控计算机是整个养老机构管理系统中的处理中枢，完成一切数据、事件的处理操作。

5.5.5 服务器

服务器主要用来存储数据。其中Web服务器用于支持网站浏览，方便外网用户查看与养老机构相关的信息。数据服务器用于存储与养老机构相关的数据，包括与老年人相关的注册信息、位置信息、财务信息、事件记录信息等，与员工相关的基本信息、管理权限信息、请假记录等，与养老机构相关的资产信息、仓库物品信息等。

5.6 生命体征监测系统

生命体征监测系统由一套智能感应床垫和计算机工作站系统无线路由及配件组成，对被监测人员进行生命体征、离床/体动时间等检测。

5.6.1 应用价值

养老机构运用生命体征监测系统可掌握老年人的生命体征状况，及时获得异常情况并处理，有效地提高了医护人员的工作效率。

生命体征监测系统可实时监测老年人的生命体征，包括心率、呼吸、体动、是否离床等生命体征数据，实时掌握老年人的生命体征信息，并对异常情况提前预警以及对紧急情况进行报警，后台管理系统把报警信息发送至相关联系人，提

醒看护人员及时看护并采取相关的救护；同时通过长期采集老年人的生命体征信息，分析和预测老年人身体的状况。

5.6.1.1 重点看护预警

系统可 24 小时监测被监测人员的生命体征信号，定量又定性，可对特殊人员进行重点看护，当被监测人员发生超过系统预定值或出现异常情况时，设备会自动向管理人员发出报警信息，从而降低意外的发生概率，增加以生命体征监测系统为基础的监管安全保障。

5.6.1.2 超限自动报警

若被监测人员离床超过一定的时间，系统则自动报警，同时与安保系统实现视频联动，进一步捕捉现场情况。

5.6.1.3 静默监测

静默监测系统是一款基于 iBeacon 精准定位技术的自动感应系统，能促进养老机构的精细化管理，分担养老机构工作人员的看护压力，确保监管安全。

5.6.2　系统组成

生命体征监测系统由感应床垫、计算机工作站系统、无线路由及配件组成。

5.6.2.1 系统的架设

各监测区域内的数据监测信息通过有线 / 无线网络被上传到系统，数据监测信息最终显示在监测中心的工作站计算机上。

5.6.2.2 感应床垫的放置

感应床垫长、宽、高分别为 600 mm、800 mm、15 mm，放置于现有床垫下，使用者感受不到感应床垫的存在。

5.6.2.3 监测方式

生命体征监测系统的监测方式如下：

① 被监测人员只须躺在感应床垫上，即可被监测到其心率、呼吸率等生命体征数据；

② 设置报警机制,在床/离床、体动等状态及数据超限或异常状态时,系统会发出报警;

③ 通过有线/无线的传输方式,将相关数据传送到值班室或指挥中心;

④ 支持多级权限设置、异常报警,支持大数据分析,真正做到对被监测人员的多级安全管理。

5.6.2.4 视频联动

生命体征监测系统可与养老机构现有安防系统中的摄像机等设备连接,实现视频联动,若发现异常状况,工作人员可查看现场视频信息。

生命体征监测系统的工作站界面如图5-20所示。

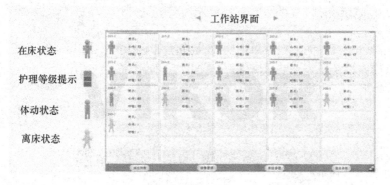

图5-20 生命体征监测系统的工作站界面

5.6.3 生命体征监测系统的功能

5.6.3.1 实时监测

生命体征监测系统采用完全无拘束的监测方式,24小时不间断监测如下项目:
① 监测心率、呼吸频率;
② 监测在床/离床、离床次数、离床时间等;
③ 监测连续体动状态。

5.6.3.2 异常预警

生命体征监测系统报警范围可以个性化设定、分时段设定与管理,报警方式

有声音、颜色提醒等，具体报警项目如下：

① 心率超限报警；

② 呼吸次数超限报警；

③ 离床时间超限报警；

④ 持续体动时间超限报警。

5.6.3.3 历史记录查询

工作人员可查询任意时间段内使用者的监测数据，包括这一时段内的最大/最小心率，最大/最小呼吸次数及离床次数、持续体动时间、报警信息等。数据每三秒上传一次，时间精确到秒。

5.6.3.4 拓展功能

① 睡眠状况监测，包括深睡期、浅睡期和睡眠时长，了解睡眠习惯。

② 睡眠质量模糊分析与情绪、心理波动评估。

5.7 养老机构的定位系统

5.7.1 养老机构建立定位系统的必要性

5.7.1.1 养老机构存在的问题

目前我国的养老机构主要靠人工提供服务，信息化水平相对较低，因而存在以下问题。

（1）老年人的安全问题

养老机构里的基础建设日趋先进，一般都配有花园、健身场所、娱乐场所、休闲场所等。场所涉及的范围广，养老机构服务人员有限，无法实时掌握每个老年人的位置。当老年人出现安全问题时，护理人员需要以最快的速度找到老年人所在的位置，并进行相应的帮助。如何快速定位老年人，第一时间找到老年人并且预防老年人发生安全事故是众多养老机构最头痛的问题。

（2）老年人的管理问题

一个中等规模的养老机构，至少有 300 位老年人，小型的养老机构至少有 100 位老年人，如何管理众多的老年人呢？如老年人的作息安排、老年人的出入管理等日常管理问题。例如，上海某养老机构有 515 位老年人，在老年人临睡前，护理人员需要对每个房间进行查房统计，统计老年人是否在房间内，只这一项就需要 5 名护理人员花费一小时。

5.7.1.2 解决之策——养老机构室内定位系统

为了解决目前养老机构面临的问题，养老机构可通过物联网、室内定位以及数据分析技术，结合养老机构现有的业务，开发养老机构室内定位系统。简单来说，智慧化的养老机构室内定位系统就是为养老机构管理方提供实时的位置信息。

室内定位不同于 GPS 定位，它是基于 UWB 技术的实时定位监管系统，能够实现对老年人、医疗设备、护理人员的实时定位，有效获取人员、设备、物资的位置信息以及时间信息、轨迹信息等，及时发现异常行为，实现自动化监管，提高应急响应速度和事件的处置速度，有效提高养老机构的管理水平和管理效率。

室内定位系统包括定位基站、定位标签、位置解算服务器以及调度中心显示屏。

高精度室内定位系统应用软件支持 PC 端和移动端访问，护理人员通过计算机、手机、iPad 就能够实时了解老年人及物资的位置信息，还包括历史轨迹回放、人员考勤、电子围栏、行为分析、多卡判断、智能巡检等功能。

5.7.1.3 养老机构室内定位系统的实施效果

养老机构室内定位系统的实施效果通常表现在图 5-21 所示的几个方面。

定位系统的建立可以提高养老机构管理工作的信息化水平，推动养老机构对老年人的管理工作向制度化、规范化、实时化发展，确保老年人安全稳定，为逐步实现养老机构"智能化全方位监管"奠定坚实基础。

5.7.2 养老机构室内定位系统的系统架构

养老机构室内定位系统由远距离门禁进出管理系统、App 定位查询系统、室外区域定位管理系统、室内定位系统组成，是利用现代化的技术手段结合现有养老机构人员管理的实际情况，建立的一套具有人员区域实时定位、人员查找、越界（危

```
1  对老年人的监管
   ┌──────────────────────────────────────┐
   │ 采用防拆防水型的定位手环（定位标签）实时定位老年 │
   │ 人的位置。当老年人出现安全问题时，护理人员能及时 │
   │ 响应救援，保障老年人的人身安全，找到老年人所在的 │
   │ 位置，进行相应的帮助                             │
   └──────────────────────────────────────┘

2  对护理人员行为的监管
   ┌──────────────────────────────────────┐
   │ 实时监管、考勤等使养老机构的护理人员能提高工作效率， │
   │ 形成定时巡查的习惯，从而减少事故的发生             │
   └──────────────────────────────────────┘

3  对养老机构物资的管理
   ┌──────────────────────────────────────┐
   │ 定位与监控视频的联动、轨迹回放等功能能够有效地保障   │
   │ 医疗物资的安全及合理利用，减少了养老机构的财产损失   │
   └──────────────────────────────────────┘

4  对养老机构的综合管理（大数据管理）
   ┌──────────────────────────────────────┐
   │ 基于UWB定位的大数据分析已经在各行各业兴起，越来      │
   │ 越受到人们的关注，医疗护理行业也不例外。借助UWB定    │
   │ 位终端的移动路径以及停留时间，养老机构可以分析各个设  │
   │ 施的设置是否合理、老年人活动设施建筑流程是否合理，也  │
   │ 可以根据各活动室人员的拥挤程度智能管理，通过流程再   │
   │ 造提高运营效率，提升老年人及家属的体验满意度         │
   └──────────────────────────────────────┘
```

图5-21　养老机构室内定位系统的实施效果

险区域）报警、视频联动、远距离考勤、轨迹回放、人员按键求助等功能的系统。人员定位与远距离门禁进出管理系统将前端信息采集后以 RJ45 或 RS485 传输到后台管理系统，后台管理系统根据标签进出的先后顺序及读写器接收到的接收的信号强度指示（Received Signal Strength Indication，RSSI）场强值计算出人员进出门禁的先后顺序及人员所在位置；在具备 Wi-Fi 覆盖的地方，移动终端 App 通过 Wi-Fi 与后台服务器交互获取某人的实时位置信息，从而实时"跟踪"老年人的位置。

5.7.2.1　远距离门禁进出管理系统

远距离门禁进出管理系统的架构如图 5-22 所示。

由图 5-22 可知，吸顶式定位基站安装在养老院大楼门口，引出两组 125kHz 线圈，分别是激活线圈 A1 和激活线圈 A2，当带有双频电子腕带标签的老年人或者访客进入大楼大门时，距离激活线圈 1～3.5 m 时，低频激活器发出电磁波信号激活双频电子标签，标签被唤醒后，将标签本身的 ID 信息及激活线圈 A1 的 ID 信息发送给吸顶式定位基站，读写器收到双频电子标签发出的射频信号及激活线圈的 ID 信息并通过 TCP/IP 接口传递给后台。当佩戴双频电子标签的人员进入到大门内侧时，激活器携带的电磁波能量逐渐减弱直至不能再激活双频电子标签，而激活线圈 A2 激活双频电子标签，同样双频电子标签将本身的 ID 信息及激活线圈 A2 的 ID 信息以一定的速率发送给吸顶式定位基站，读写器收到双频电子标签发出的射频信号及激活线圈的 ID 信息并通过 TCP/IP 接口传递给后台，后台根据低频激活器唤醒标签、吸顶式定位基站读取数据的先后顺序及不同的激活器天线的 ID 编号做出判断。

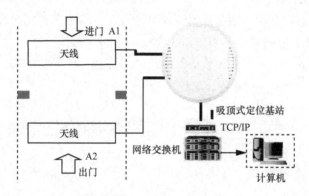

图5-22　远距离门禁进出管理系统的架构

（1）远距离门禁进出管理系统的功能

远距离门禁进出管理系统的功能如图 5-23 所示。

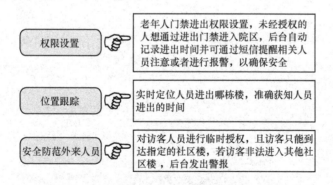

图5-23　远距离门禁进出管理系统的功能

（2）硬件组成部分

远距离门禁进出管理系统的硬件组成如图 5-24 所示。

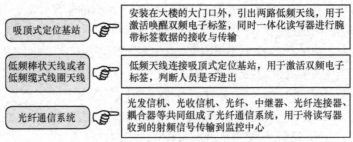

图5-24 远距离门禁进出管理系统的硬件组成

硬件安装须注意以下事项。

① 吸顶式读写器在安装时，需注意安装的高度（一般在3～4m），确保接头防水（电源接头、网络接头、125kHz低频延长线馈线接头）。

② 低频棒状天线或者低频线圈天线通过延长线连接到吸顶式定位基站上，如果大楼宽度小于5m，采用棒状天线进行安装，在大门的内/外侧安装激活天线，安装在离地面约1.5m处。如果大楼的宽度大于5m，为了保证激活的稳定性，采用地埋低频缆式天线的安装方式，切割地面埋设低频线圈。门口内/外侧各部署低频线圈，两组线圈的间隔不小于1.5m。

③ 光纤通信系统的安装要注意确保接头防水。

5.7.2.2 养老机构室外定位系统

室外区域定位采用测算节点之间RSSI的方法，利用无线信号的空间传输衰减模型估算节点间的传输距离。信号传输衰减模型的测量原理如图5-25所示。

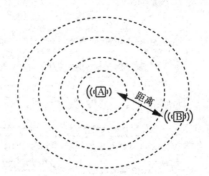

图5-25 信号传输衰减模型的测量原理

我们在室外区域（如主干道、室外空旷区域等），安装2.4GHz有源全向定位基站，定位基站的覆盖区域半径为100m，老年人佩戴双频电子标签进入2.4GHz

读写器识别区域内,标签主动发送的数据被读写器接收后传输到后台进行处理,通过测算节点[读写器或者无线访问接入点(Access Point,AP)、电子标签]之间的RSSI,并利用无线信号空间传输衰减模型估算节点间传输的距离,运用逻辑算法进行处理,最终测算出定位点的数据。

(1) 养老机构室外定位系统

在养老机构室外,我们需要进行定位"追踪"的老年人要佩戴专用的卡片电子标签或腕带式电子标签,老年人经过养老机构室外的一定区域时,部署在养老机构室外的定位基站设备实时读取标签数据并传输到后台进行处理,告知被定位人员当前的位置信息,该被定位人员的亲属可以在室内中控主机、查询机、手机App上实时查询当前被定位人员的位置。养老机构室外定位系统架构如图5-26所示。

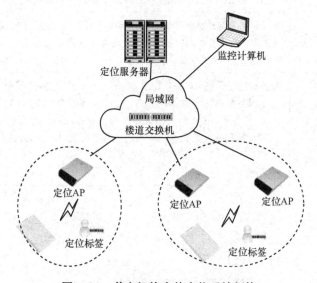

图5-26 养老机构室外定位系统架构

(2) 养老机构室外定位系统的功能

养老机构室外定位系统的功能见表6-2。

(3) 养老机构室外定位系统的硬件组成

① 一体化读写器。也叫定位AP,被安装部署在每个视频监控摄像头位置点上和摄像头进行绑定。实时接收双频电子标签发送的数据信息并实现视频联动。

② 光纤通信系统。光发信机、光收信机、光纤、中继器、光纤连接器、耦合器等共同组成了光纤通信系统,用于将读写器收到的射频信号传输到监控中心。

表6-2 养老机构室外定位系统的功能

序号	功能模块	说明
1	智慧物业管理	① 访客管理：通过对访客进行定位、活动轨迹跟踪查看，以实现安保人员为访客提供及时服务，同时还可提升小区的安防级别。 ② 安保人员、保洁人员管理：通过RFID无线定位技术查看安保人员是否按照规定线路巡逻，可即时通知安保人员及时、方便地为老年人提供服务；可实时查看保洁人员的位置，可精确到楼。 ③ 车辆管理：可通过对地面车辆的定位，让工作人员了解小区地面不同停车区域范围内空余车位的数量，以便让安保人员及时地疏导进出小区的临时车辆。 ④ 视频联动：定位系统和社区监控系统联动，当发生报警事件时，系统自动弹出报警点附近的视频，让相关人员实时看到现场情况
2	智慧家居	适用于养老院的管理功能：监控老年人的活动轨迹，如果老年人擅自跑出养老院，系统自动发出报警，防止老年人丢失；工作人员通过手机App或者Web实时查看家人位置，接受老年人发出的主动求助信息，快速响应
3	智慧养老	① 双频电子标签卡有警情按钮，老年人摔倒或发生其他危险状况时，可随时触动按钮报警，养老院相关人员接受报警信息，避免险情恶化。 ② 短信提醒：若一旦发生老年人离开重点区域或者出口，或进入危险区域，发送短信给相关工作人员进行及时处理。系统通过API将实时报警信息上报给短信推送平台，提供触发条件，最终由短信系统完成短信的发送

③ 工业级交换机。该交换机可将多路一体化读写器（定位AP）的用户数据报协议（User Datagram Protocol，UDP）网络转换成单位内部局域网，并将信息汇聚到服务器中运算。

5.7.2.3 App查询定位系统

定位引擎应同时支持AP主动扫描模式和终端扫描模式，利用社区现有的Wi-Fi、移动终端等信号，扩展支持对其他Wi-Fi设备（如笔记本电脑、iPad、手机等）的定位。

App定位查询系统功能模块及说明如图5-27所示。

5.7.2.4 养老院室内定位系统

养老院室内定位系统应能实现室内人员区域定位、楼层定位与更精确的房间定位。

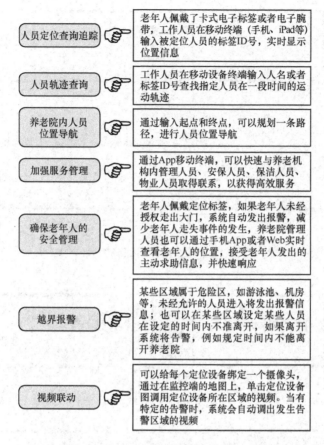

图5-27　App定位查询系统功能模块及说明

养老院以楼层为定位单元，即只定位老年人在哪个楼层，因此，养老机构需要在楼梯出入口区域安装一台双频吸顶式定位基站，当老年人出门时，无论往哪个方向行走都能被其中一个激活天线捕获到，因此要在楼梯口的走廊两侧和对面墙安装激活天线，激活天线采用棒状天线，安装位置离本层楼地面约1.5m，当楼层里有重点区域时，可在当前楼层把重点区域从楼层单元里分出来作为另外一个定位单元，该定位单元也需要添加双频定位基站。图 5-28 是定位到楼层定位设备的安装方式。

工作人员要想知道老年人在哪一层的哪一个房间，则除需要在楼梯出入口处安装设备外，还需要在每个房间距地面 1.5m 高处安装一个 125kHz 棒状激活天线，房内安装一个单频定位基站，在走廊区域安装双频定位基站，扩展 4 路 125kHz 低频天线到房间门口。图 5-29 是定位到房间定位设备的安装方式。

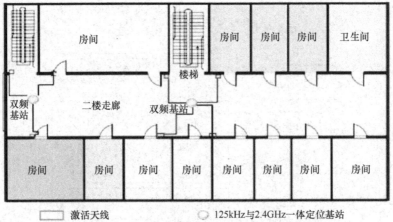

图5-28 定位到楼层定位设备的安装方式

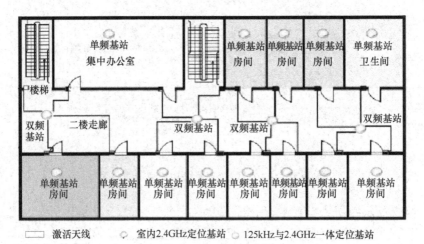

图5-29 定位到房间

(1) 养老院室内定位硬件组成

① 吸顶式读写器（2.4GHz 单频定位基站）安装在每个房间里面，实时接收进入房间内的标签信息，基于 RSSI 定位房间内的人员。

② 吸顶式定位基站（125kHz 与 2.4GHz 双频一体机）安装在走廊过道上，扩展 4 路低频激活线圈，在每个房间门口离地 1.5m 处安装，安装在门口的边门上，用于判断进出房间的人员。

③ 卡式电子标签或者腕带式标签，老年人佩戴后可对其进行定位，紧急情况进行按钮求助报警。

④ 光发信机、光收信机、光纤、中继器、光纤连接器、耦合器等共同组成了光纤通信系统，该系统将读写器收到的射频信号传输到监控中心。

（2）硬件安装注意事项

① 在房间正中央安装吸顶式读写器（2.4GHz 单频定位基站），采用吸顶式安装方式，安装读写器的高度一般在 3～4m，接头（电源头、网络接头）要采用 15V 电源适配器供电传输。

② 在走廊过道安装吸顶式定位基站（125kHz 与 2.4GHz 双频一体机），四个房间共用一台设备，每个房间门口安装一支 125kHz 低频天线，吸顶式定位基站设备应安装在每个房间门口离地 1.5m 处。

③ 光纤通信系统安装时要注意接头防水。

5.7.3　养老机构定位系统的软件功能

养老机构定位系统的软件功能如图 5-30 所示。

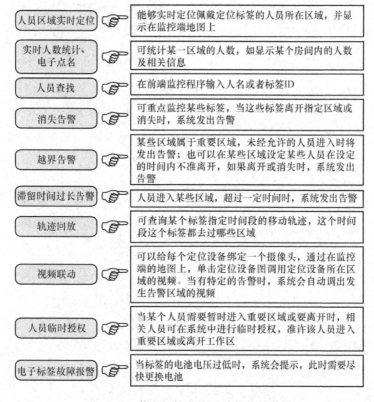

图5-30　养老机构定位系统的软件功能

第6章

智慧旅居养老

　　智慧旅居养老作为一种新的养老方式，未来会是养老机构新的发展方向和经营重点。养老机构需要不断利用互联网等信息化手段，升级现有的养老院管理系统，建立智慧养老信息化平台，为老年人提供医养结合的"智慧旅游+养老"服务。

智慧养老实践

6.1 智慧旅居养老概述

6.1.1 何谓智慧旅居养老

智慧旅居养老是养老机构与旅行社、医疗机构共同借助移动信息工具和可穿戴智能设备开展的"度假式养老"活动。它不同于普通旅游的走马观花、行色匆匆，智慧旅居养老的老年人可以在一个地方停留一段时间，慢游细品，以达到既健康养生，又开阔视野的目的。

6.1.2 智慧旅居养老的可行性

旅游度假、养老产业在中国迎来了新的发展机遇。特别是在当前，移动互联网兴起，传统养老机构的开发运营模式受到不断冲击，探讨如何将互联网技术的优势与传统的旅游度假养老产业和传统的养老机构开发运营相结合，是养老服务业新的研究方向。在国家大力倡导及全社会共同的关注下，未来的养老产业、旅游度假产业将引领新的发展潮流，旅居养老正在成为引领养老机构产业发展的新动力。

随着移动医疗行业和可穿戴智能设备的快速发展，我们将养老服务与智能产品相结合，通过腕表、移动一键通等智能产品，并利用养老机构的管理系统，建立智慧养老信息化平台，为老年人提供"出门定位、突发事故报警、健康实时监控、日常用药提醒"等医养结合的旅游服务，这也将是养老机构的新发展方向。

目前，国内旅居养老的需求持续旺盛。中国老龄科学研究中心发布的《中国旅居养老发展报告》显示，我国老年人在旅居养老方面比较有优势。从年龄结构来看，我国60～69岁低龄老年人仍是老年人口的主体。

从老年人经济自评的情况来看，在城市老年人中，自评经济状况宽裕的近两成。新一代老年人收入更高，观念更新，有高品质养老的愿望与能力，将构成旅居养老主要的消费群体。

6.2 旅居养老模式

"旅游+养老"模式的推广需要政府部门在政策层面予以规范,需要社会养老机构提升专业化服务水平,也需要老年人不断更新养老消费的理念。

生活式旅居是让老年人有"家"的归宿感,让老年人真正享受到"旅游+居家+度假+享老"的生活式度假,让老年人在安全、轻松、私密、整洁、舒适、和谐的环境下,体验休闲度假、旅居交友等活动的乐趣,从而心情愉悦,真正享受旅居带来的快乐,提高老年人晚年的生活质量,让养老升级为享老。

6.2.1 资源享老模式

6.2.1.1 景区旅居享老

大自然是心灵的家园,景区旅居享老依托山林、湖泊、滨海、温泉等生态资源,以远离城市的喧嚣与躁动为主旨,打造独特的生态依托型享老产业项目,形成山水叠墅、山水康疗基地、山水营地、温泉享老综合体等不同组合的景区旅居享老基地。

6.2.1.2 田园旅居享老

田园旅居享老主要是指以农家乐、乡村绿色田园的景观、农事娱乐体验、特色乡村风情为依托,以休闲度假为目标的享老产业开发项目。老年人不仅可观光、采摘、体验农作、度假、游乐、了解农民生活、享受乡土情趣,还可体验酒庄、农庄、渔庄、茶庄、牧庄、林庄等特色庄园式享老产业项目。

6.2.2 文化艺术旅居享老模式

随着国务院关于加强推动特色文化产业发展的相关政策的出台,我国文化旅游和文化产业迅猛发展,各地民俗文化的弘扬、传承和保护工作不断加强。

文化艺术旅居享老模式是以地方独特文化资源、民俗民风资源、音乐艺术资源等为依托和核心，以对该类文化精神需求有特殊偏好的老年人群为市场目标，形成古城古镇旅居享老、民俗民风旅居享老、音乐艺术旅居享老的系列文化艺术型享老项目。

6.2.2.1 古城、古镇旅居享老

古城、古镇旅居享老模式依托古城、古镇、古村特有的文化资源、特色街区、历史遗址、建筑文物及非物质文化遗产等，形成一系列具有历史记忆和怀旧特色的享老项目。该模式将传统文化和享老需求相结合，形成古城、古镇型享老产业。

6.2.2.2 民俗、民风旅居享老

民俗、民风是全国各地传统文化的重要构成，是我国本土文化的瑰宝，是"美丽中国"的基底，各具特色的民俗风情可丰富老年人的度假生活。民俗、民风旅居享老以地方特有的民族风情、节庆、习俗、婚俗、食俗等为核心吸引物，形成的独具热闹氛围和节庆色彩的享老项目将会受到市场的青睐。传统民俗文化体验对老年人具有较强的吸引力，是老年人深度休闲体验的基础之一，是老年人"享老"生活的补充。

6.2.2.3 音乐、艺术旅居享老

音乐、艺术具有净化心灵、陶冶情操、启迪智慧、情智互补的作用。音乐艺术旅居享老以文化艺术为内涵，依托艺术创作、戏曲品鉴、音乐赏析等多种方式，形成了集老年艺术公社、艺术会展中心、文化休闲商街、博古斋、读书楼、棋茶室等多种业态为一体的综合性音乐、艺术享老产业集群。

6.2.3 运动旅居享老模式

"动则不衰"是中华民族养生、健身的传统观点。老年人因为体质和年龄的特殊性，更注重体育锻炼，运动康体成为旅居享老的重要组成部分。

维护健康、增强体质、延缓衰老、延长寿命是我国由来已久的养生方法。运动旅居享老模式以养精、练气、调神为基本特点，以运动休闲项目的适度开发为核心吸引物，辅以享老产业配套，形成了运动旅居为主的享老模式。

6.2.4　医疗康体旅居享老模式

健康是老年人实现"享老"的基础,良好的医疗保健服务对老年人的幸福生活尤为重要。医疗康体旅居享老的主要模式有中医养生享老、西医护理享老、健康美食享老等。

6.2.4.1　中医养生享老

中医养生享老以中医养生为核心,以中医诊堂、中医理疗中心、中草药种植园、药膳养生会所、中医养生会馆、针灸等中医理疗项目为基础,针对不同人群的身体健康状况建立不同的服务项目。

6.2.4.2　西医护理享老

西医护理享老以西医疗养为核心,以大型医院雄厚的医疗资源或全面专业的医疗设施设备为依托,以专业的医疗护理服务为特色,形成涵盖身体健康检查、医疗器械监测、健康咨询管理等多个领域的立体化产业体系,同时设置了医护辅助中心、理疗课堂、健康中心等多种享老服务项目。

6.2.4.3　健康美食享老

中国饮食文化源远流长,美食养生之法越来越受到大众特别是中老年人的喜爱。因此,我们可围绕我国丰富多彩的饮食文化,打造集养生药膳、素斋、绿色餐饮、养生茶汤、地方特色养生膳食等多种食疗养生产品于一体的美食享老产业体系。

6.3　如何开展智慧旅居养老

6.3.1　利用养老机构管理系统,提供个性化的旅居养老服务

养老机构对老年人实行会员制管理,通过分析和评估老年人的基本信息、身体状况、兴趣爱好,划分出不同类型、不同需求的旅居养老服务。养老机构通过

移动 App 定期向老年人推送旅居养老资讯，如果感兴趣，老年人可直接预约咨询。养老机构在旅居养老前给老年人进行旅游指导和培训，保证旅游的舒适性和安全性。旅居养老服务结束后，养老机构移动 App 自动发送满意度调查，及时解决旅居养老存在的问题，提高养老机构旅居养老服务的知名度和美誉度。

6.3.2　与医疗机构建立合作关系，开展医养结合的旅居养老

养老机构在组织老年人进行旅居养老之前要到合作的医院检查他们的身体，建立电子健康档案，然后要定期体检并做好记录。电子档案会根据每位老年人的身体特点、气候的变化对老年人的饮食、运动、穿衣等方面不定期地发出短信提醒，时刻关注老年人的健康状况。

6.3.3　利用云计算技术，搭建养老机构的智慧养老信息化平台

通过智慧养老信息化平台，养老机构管理人员可以远程监护旅居老年人的身体状况，老年人子女也可以使用智能手机，实时查看老年人在旅游过程中的生活状况和健康状况，随时与老年人进行视频交流。可穿戴智能设备及时记录老年人的心率、血压等健康数据，并上传到云端。同时，平台通过评估系统分析和预判这些健康数据，一旦出现紧急情况，就可以及时报警并通知医护人员到场。此外，智慧养老信息化平台还针对每位老年人的服药时间和剂量给出提醒，如果老年人未能按时服用药物，平台就会向工作人员发出语音提示，保证老年人按时吃药。

6.4　旅居养老管理平台

旅居养老对老年人最大的吸引力还在于价格和服务。旅居养老期间，老年人不住宾馆和酒店，全程入住旅居基地，人均消费只是市场价的三分之一。这些旅居基地一般都有完善的医疗保障设施，如老年人有身体不适，几分钟内就能有专业人员到场处理，解决了老年人旅途中的后顾之忧。

旅居养老管理平台可以帮助管理人员方便有效地管理老年人、制订旅居计划、管理合作伙伴，通过信息化手段解决旅居养老过程中碰到的结算、服务、统计、路线、医疗等难题。

旅居养老管理平台的模块如图 6-1 所示。

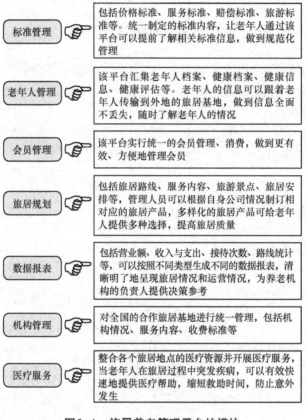

图6-1　旅居养老管理平台的模块

6.5　旅居养老服务平台

旅居养老服务平台以"老年人"为本，依托"互联网+"，充分调动社会服务系统,开发特色养老服务,满足多层次、多样化的养老服务需求,是一个集旅游休闲、度假疗养、老年养生为一体的信息化平台。该平台实现养老服务与医疗康复、文化教育、家庭服务、旅游休闲、金融保险等相关领域融入互动发展,创造养老服务新业态。

6.5.1 旅居养老服务平台的特点

①突破传统养老观念,汇集养老"大数据",掌握养老市场"大需求"。

②将"社区养老"与"养老社区"高度融合;将居家养老"信息化服务"与"互联网消费"有机衔接。

③将互联网融入养老服务体系,建设养老服务信息平台,做到养老服务信息化,整合养老资源,实现养老服务信息的共享。

6.5.2 旅居养老服务平台的构成

旅居养老服务平台的构成如图6-2所示。

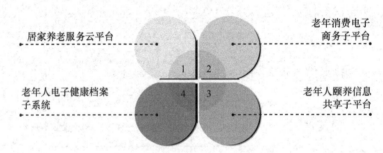

图6-2 旅居养老服务平台的构成

1. 居家养老服务云平台

居家养老服务云平台将互联网、物联网技术深度嵌入社区居家养老服务,推动政府公共服务、社会养老服务和志愿养老服务的配套衔接。

2. 老年消费电子商务子平台

老年消费电子商务子平台为社区居家老年人提供医疗护理、生活照料、电子购物等便利、高效的社会化服务。

3. 老年人电子健康档案子系统

老年人电子健康档案子系统实现老年人健康信息与基层公共卫生服务项目

信息的交换共享,推广具有紧急救援、自动报警等功能的居家养老服务信息呼叫终端。

4. 老年人颐养信息共享子平台

老年人颐养信息共享子平台为老年人提供"住宿、旅行、休闲、维权"等全方位、一键式网上服务。

第7章

医养结合的系统建设

我国已进入人口老龄化快速发展期,越来越多的家庭出现了空巢老年人,不少老年人面临养老与医疗的双重需求。近年来,各省纷纷实施"医养结合"的养老服务模式,养老医院行业得到迅速发展。

7.1 何谓医养结合

"医养结合"指医疗资源与养老资源相结合,实现社会资源利用的最大化。其中,"医"包括医疗康复保健服务,具体有医疗服务、健康咨询服务、健康检查服务、疾病诊治和护理服务、大病康复服务以及临终关怀服务等;而"养"包括生活照护服务、精神心理服务、文化活动服务。"医养一体化"的发展模式是集医疗、康复、养生、养老等为一体,把老年人健康医疗服务放在首要位置,将养老机构和医院的功能相结合,把生活照料和康复关怀融为一体的新型养老服务模式。

7.1.1 对医养结合的认识

"医养结合"中"医"是基础,"养"是核心,如图7-1所示。

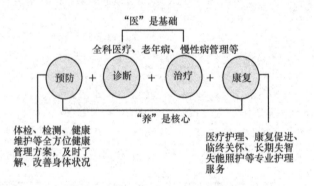

图7-1 医养结合

"医养结合"的客群按行动自由度,可分为健康活跃期、辅助生活期、行动不便期、临终关怀期,具体如图7-2所示。

不同阶段的老年群体对"医"和"养"的需求不同,因为随着身体状况的变化,老年人对医护的需求是不同的,因而需要建立多样化、持续性的医养服务体系,具体如图7-3所示。

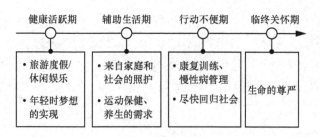

图7-2 "医养结合"的客群划分

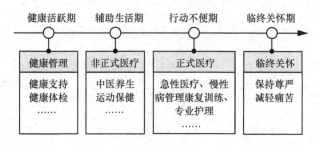

图7-3 不同阶段的老年群体对"医"和"养"的需求

同时,多彩的生活与医疗安排对老年人同样重要,当然不同的时期具有不同的需求,具体如图7-4所示。

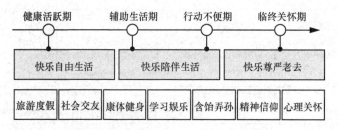

图7-4 多彩的生活与医疗安排需求

老年人的自尊心更强,希望能掌握生活选择权,我们不能将老年人区别为特殊人群对待,否则将降低老年群体的"快乐指数"。

7.1.2 "医养结合"概念的形成

目前,一些"老年病"具有常发、易发和突发等特性,患病、失能、半失能老年人的治疗和看护问题困扰着千家万户。而现状却是——医疗机构和养老机构互相独立、自成系统，养老机构不方便就医，医院里又不能养老，老年人一旦患病就不得不经常往返家庭、医院和养老机构，这样既耽误治疗，也增加了家属的负担。医疗和养老的分离也致使许多患病老年人把医院当成养老院，成了"常住户"。老年人"压床"也加剧了医疗资源的紧张。

7.1.3 医养模式

不同模式的医养结合项目的"医"与"养"的定位各不相同。

7.1.3.1 以"医"为主

在医养结合项目中，以"医"为主的模式通常以医院为依托，面向刚需老年人提供专业照护功能。图7-5为以"医"为主的模式。

面向人群：以失能、半失能、失智等老年人为主。

"医"的需求：急性医疗、专业护理、康复训练。

"养"的需求：全面的生活护理、临终关怀。

常见类型：综合医院开设老年病科、康复科，附属于医院的护理机构，医院改制的康复医院等。

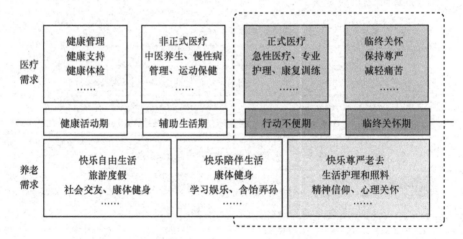

图7-5 以"医"为主的模式

7.1.3.2 以"养"为主

在医养结合项目中，以"养"为主的模式通常以养老社区/公寓为依托，配套二级及以下医院，满足社区老年人日常看病和急救的需求。图7-6为以"养"为主的模式。

面向人群：自理型老年人为主、部分需要护理的刚需老年人。

"医"的需求：针对自理型老年人的健康管理、慢性病管理、康复运动，针对刚需老年人的专业护理以及急救。

"养"的需求：生活服务、娱乐服务，以及针对刚需老年人的生活照护。

常见类型：养老社区/公寓（含自理型公寓、护理型公寓、社区医院、健康管理中心、公共活动中心等）。

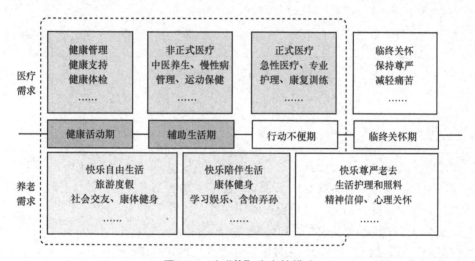

图7-6　以"养"为主的模式

上海申园

基本情况：申园位于上海市松江区，周边旅游资源丰富、环境秀丽。申园总占地面积9公顷（1公顷=0.01平方千米），建筑面积22万平方米，包括17层高层塔楼以及由数座低层建筑组成的公共服务中心。

面向人群：从自理型到介护型的老年人都有，但以自理型老年人居多。

申园的产品服务体系包括生活服务体系、医护康复体系和活力文化体系三类，自理型老年人与介护型老年人对于相应服务的需求是不同的，具体如图7-7所示。

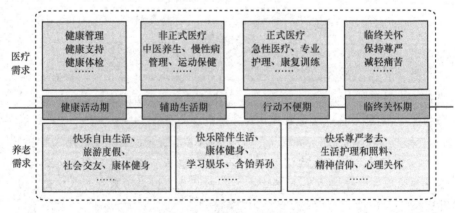

图7-7 申园的产品服务体系

7.1.3.3 "医养"并重

在医养结合项目中,"医养"并重的模式通常包括一个持续护理的社区以及一家以康复、老年病等为特色的三级专科医院。两者功能互补,并具备较好的转诊机制。图7-8为"医养"并重模式。

面向人群:从自理型到刚需护理型全阶段的老年人群。

"医"的需求:健康管理、康复医疗、专业护理、急性医疗等。

"养"的需求:针对自理型老年人的生活服务、娱乐服务,以及针对刚需老年人的生活照护。

常见类型:自理型社区 + 护理型公寓 + 专科医院。

图7-8 "医养"并重模式

7.1.3.4 三种医养模式的比较

三种医养模式的优势、风险与适用性比较见表7-1。

表7-1 三种医养模式的比较

	以"医"为主	以"养"为主	"医养"并重
优势	以医院为主体,面向刚需型老年人,市场认可度较高,易于快速切入占领市场	从养老切入医疗健康领域,相比于医院而言,开发难度相对较小	有医有养,功能全面,互为补充,市场接受度较高
风险	专业性较高,对于缺乏医院建设运营管理经验的开发主体有较大挑战	·纯养老项目投资回报期较长,需配合开发性物业共同操作 ·非刚需型老年人市场接受度不高,尤其是非一线城市	通常规模较大,对于开发主体的综合能力、统筹相关资源的能力以及资金运作都有较高的要求
适用性	开发主体或合作单位中有医院运营经验	适合初涉医疗领域的开发主体 养老+地产联动开发,注重收益平衡	·大型开发企业,本身在较大规模项目的开发操作经验成熟; ·有丰富的医疗健康资源,善于调动各类资源

7.1.4 推进医养结合项目

2015年11月,国务院办公厅转发国家卫生和计划生育委员会、民政部、国家发展和改革委员会、财政部、人力资源和社会保障部、住房和城乡建设部等九部委《关于推进医疗卫生与养老服务相结合的指导意见》,明确了五大重点工作方向,具体如图7-9所示。

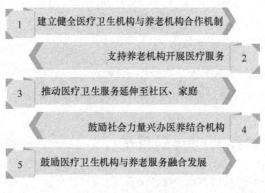

图7-9 五大重点工作

2016年4月8日,民政部、国家卫生和计划生育委员会联合发文《关于做好医养结合服务机构许可工作的通知》;2016年4月11日,国家卫生和计划生育委员会、民政部公布《医养结合重点任务分工方案》,共计36项,未来医养结合将逐步落地。

2016年6月,国家卫生和计划生育委员会联合民政部发布了《关于确定第一批国家级医养结合试点单位的通知》,9月发布了《关于确定第二批国家级医养结合试点单位的通知》,文中确定了以北京市东城区等50个市(区)作为第一批国家级医养结合试点单位,以北京市朝阳区等40个市(区)作为第二批国家级医养结合试点单位,并明确了试点单位应尽快建立相关机制,全面落实医养结合工作重点任务,确保试点取得积极进展,收到良好的社会效果。

2018年11月28日,国务院常务会议进一步部署和发展养老产业、推进医养结合,提高老有所养的质量,要求简化医养结合机构的设立流程,实行"一个窗口"办理,由相关部门集体办公、并联审批,不能再让市场主体跑来跑去;强化支持政策落实,促进现有医疗卫生和养老机构合作,发挥互补优势,将符合条件的养老机构内设医疗机构纳入医保定点范围,促进农村和社区医养结合,建立村医参与健康养老服务的激励机制;鼓励医护人员到医养结合机构执业,并在职称评定等方面享受同等待遇。

7.2　建设医养结合平台

医养结合一体化平台以基本养老服务为基础,以医疗服务为重点,在做好老年人生活照护服务、精神慰藉服务的基础上,着重提高医疗诊治服务、大病康复服务、临终关怀服务的质量,突破了一般的医疗和养老分离的状态。该平台的特点是为老年人的各种病症进行临床诊疗,提供及时、便利、精准的医疗服务,将生活照料、身体康复和临终关怀相结合,实现"服务就在老年人身边"的愿景。

7.2.1　建设医养结合平台的目的

建设医养结合平台的目的如图7-10所示。

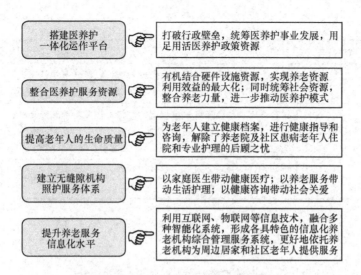

图7-10　建设医养结合平台的目的

7.2.2　医养结合管理系统的模块介绍

7.2.2.1　医养结合管理系统——医

医养结合管理系统——医的功能模块及说明见表7-2。

表7-2　医养结合管理系统——医的功能模块及说明

序号	功能模块	功能说明
1	医护工作站	提供全面、方便的医护系统，极大提高了医护人员的工作效率，为更好地服务老年人提供了有力的保障。该模块主要包括：医嘱管理、医嘱查询、电子病历（Electronic Medical Record，EMR）、护嘱管理、医嘱查对、医嘱执行、退药申请、记账管理、外出登记、排班管理、请假管理、护理记录、理疗执行等功能
2	药房管理	为养老机构提供完善、全面的药品管理，采用信息化手段，准确无误地对全院所有药品进行集中统一管理。该模块直接关联医嘱执行，自动发药结存。该模块主要包括：发药、退药、药房采购申请、药房采购入库、药房盘点、药房库存不足预警、药品有效期预警等功能
3	EMR管理系统	结合电子健康记录（Electronic Health Records，EHR），实现全面的老年人健康档案管理，全结构化的电子病历系统，支持自定义各种类型的电子病历模板，并按老年人信息生成电子模板数据

（续表）

序号	功能模块	功能说明
4	体检管理	老年人在日常休养过程中，通过健康检测设备上传健康数据，形成健康档案，该模块以图表形式简洁明了地展示健康数据变化情况
5	理疗管理	结合老年人的病历和健康档案，支持自定义各种理疗套餐，为老年人制订最佳的护理计划、用药计划、康复计划等。该模块设有自动提醒、分级监督功能，确保计划按时执行，为老年人的健康养老提供保障基础
6	评估	支持多种评估标准，并可支持用户自定义评估项目，从而为老年人及家属提供入住和护理健康等信息依据

7.2.2.2 医养结合管理系统——养

医养结合管理系统——养的功能模块及说明见表7-3。

表7-3　医养结合管理系统——养的功能模块及说明

序号	功能模块	功能说明
1	接待管理	主要实现来访登记以及预约床位，还可以实现将接待或预约的老年人直接转成入住，以及办理入住签约、办理退住等功能。该模块可记录及分析日常接待来访和预约情况，工作人员可快速查询老年人的详细信息，通过房态图可以直观地查看各楼区楼层床位的使用情况（包括已入住、空床、请假、外出就医、留观等状态）
2	居住管理	主要实现包括预约登记、入住评估、入住登记、协议签订、退住办理等相关业务的子流程，集中处理老年人的居住信息，同时也支持对已入住的老年人办理变更业务等
3	EHR健康档案	主要提供全面的老年人健康档案管理，工作人员可查看老年人的所有信息，包括基本信息、变更记录、请假情况、预收款、月费明细、月费标准、医嘱信息；同时支持多种方式打印
4	费用管理	主要根据已配置好的收费标准和各项参数，自动生成结算费用。该模块可按设置的费用类别分类汇总，支持各种类别参数的统计查询，以及各种样式的打印
5	后勤管理	主要包括工程维修、日常巡查、杂费抄表、设备维护、洗衣管理等功能
6	膳食管理	专门为养老机构提供全面的餐饮管理功能，为老年人提供贴心的饮食护理。同时，该模块支持移动端自助点餐、餐饮分析、用餐提醒、餐饮建议等功能
7	人事管理	实现包括人事考勤、业务考核、人事变动、岗位管理等多个子业务，统一管理机构人事各项事宜，使机构管理简单规范，更有效地为老年人提供服务
8	居家管理	为养老机构提供居家养老服务的管理方式，统一管理需要办理居家上门服务老年人的资料，同时支持服务派工以及私人保姆定制等服务

第8章 大数据平台助力智慧养老

养老大数据平台为解决我国老龄化问题提供了新思路。养老大数据平台给老年人的日常生活提供了信息支撑,老年人可通过Web网站、交互式终端、无线通信设备等媒介,了解互联网世界的广阔空间。大数据技术是为老年人提供全方位接触社会、融入社会和参与社会活动的技术手段。养老大数据平台为老龄产业的集聚发展提供技术支撑和信息服务,通过开放平台的数据接口,方便相关企业、单位和个人开发服务于老年人的应用系统,通过数据资源的开放利用,使相关企业、单位和个人了解和掌握老龄服务行业的市场情况,也为产业发展管理和服务质量监控提供了基础数据的支撑。

8.1 养老大数据的特征

养老大数据综合利用各种信息通信技术，以互联、移动、开放、共享为特征，围绕老年人的生活起居、安全保障、保健康复、医疗卫生、娱乐休闲等各个方面，面向老年人、服务单位、政府机构等相关人员和组织，开展信息采集、信息整理、信息利用和信息服务。

养老大数据既是一个技术体系，也是一个服务体系。根据业务目标、业务主体和业务环境，养老大数据业务可分为三个方面：在行政管理和行业指导方面，相关行政管理部门在老龄数据大集中的基础上对全社会养老事业开展顶层设计和集中管理，建设覆盖全国的行业管理信息化平台；在老龄产品和服务产业方面，供应商通过物联网、互联网技术升级老龄产品，养老服务机构利用信息化应用和智能化产品升级养老服务，形成依托数据的互联网老龄产业集群；在老年消费者方面，老年人学习和利用互联网，加强自理能力，丰富社会生活，全面提升老龄人口的物质满足感和精神满足感。

8.1.1 养老大数据的特征与内涵

养老大数据具有与传统养老体系完全不同的特征，可以概括为以下几点。

8.1.1.1 基于知识的服务

养老大数据是建立在信息采集、信息整理、信息利用和信息服务的基础上的一种养老体系。数据和信息管理，以及知识的升华应用是信息社会的典型特征，养老大数据依托数据、基于知识的增值服务是任何传统养老模式无法比拟的。

8.1.1.2 技术的多样性

养老大数据体系是多种信息通信技术的综合利用，包括传感技术、存储技术、计算机技术、通信技术、数据分析技术和人工智能技术等，这些信息通信技术的集成应用使多元异构信息汇聚和数据融合挖掘成为养老服务体系的基础。养老大数据体系是多种信息通信技术的综合体现和共同支撑，不是一种或一类技术能够代表的。

8.1.1.3 业务的综合性

养老大数据体系是综合集成的业务集群。传统养老以居家养老、社区养老、机构养老区分，而养老大数据体系依托网络和数据，脱离了空间性，模糊了时间性，它使老年人在任何时间、任何地点、任何场景下都能得到服务，满足实时性的用户需求，甚至能发掘出潜在的用户需求。

以居家养老中的健康体征监测为例，系统使用可穿戴设备实时监测老年人的个人体征数据，包括心率、血压、血糖、血氧等，从终端将数据发送至系统后台，通过分析反馈有针对性的医学建议，这一业务过程涉及医学、通信、计算机科学等多种学科，也涉及设备制造、数据通信、医疗保健、数据存储、情报分析等多个行业。

8.1.1.4 行业的融合性

养老大数据体系带动行业之间的融合与产业的集群式发展。养老大数据涉及的行业几乎涵盖所有已知的传统服务行业和以信息技术为代表的新兴产业，例如智慧建筑、智慧家居、智慧医疗、网络金融、在线交易等。通过信息融合和数据挖掘，这些看似相距甚远的行业和领域得以交叉产生新的业务和共享用户。

8.1.2 养老大数据的内涵

养老大数据体系在理念、技术和规范三个方面具有深刻的内涵，具体说明如下。

8.1.2.1 从理念上看

从理念上看，养老大数据是适应当前社会发展的一种新的养老模式。例如某置业公司打造的健康休闲养老综合性项目，该项目建有治疗中心与康复中心，利用移动互联技术为健康社区的业主建立健康云平台，提供全面的健康管理服务和健康咨询服务，通过搭建社区内部养老信息平台，了解老年人的需求，为老年人提供日常生活所需的家政管理、康复护理等系列服务；通过老年人所佩戴的智能设备，实时监控老年人的身体状况并开展主动服务。杭州

市建设的智慧养老服务平台包括信息呼叫中心、信息管理系统、终端呼叫器及服务平台所整合的各类服务资源。成都市锦江区成立了"长者通"呼援中心，通过整合社区、家庭、社会以及政府等多方力量为居家老年人提供基本的生活服务、医疗卫生服务和健身服务。海南三亚的泰康养老社区为全国各地的老年人冬季度假旅居提供全方位的服务，这一候鸟式养老社区的建设为国内养老服务的新模式提供了参考。这些新的养老服务模式的服务内容广泛，地域范围跨度大，服务对象类型多，传统C/S架构的信息系统、相对静止和孤岛式的业务数据，以及本地化的技术和服务模式已经不能适应业务发展的需要，养老大数据恰好适应了时间与空间的黏合及转换，配合打造新的养老服务模式。

8.1.2.2 从技术上看

从技术上看，通过互联网、物联网、大数据等技术手段，一些养老机构提高管理和服务的信息化水平，不断创新养老服务供给方式。

在国内，多地政府以"智慧社区"建设为依托，利用互联网技术、物联网技术，创新社区居家养老服务模式，发展老年电子商务，建设基层养老信息服务平台，开发老年家庭医疗监测和传感系统，为老年人提供居家生活、医疗保健、代购代缴、紧急救助等方面的服务。

8.1.2.3 从规范上看

从规范上看，为使养老大数据业务健康有序发展，各地加快制订和完善与机构养老、社区养老、居家养老等相关的互联网和大数据服务标准，开始建设互联网和养老大数据服务标准体系，尤其是数据标准和业务接口，不断提升养老大数据服务的规范化和标准化水平；探索建立标准化信息共享及服务机制，各地要尽快搭建标准化信息公共服务及工作平台，为各级有关部门、标准化技术委员会、企业及利益相关方提供信息互通及资源共享的渠道，提升标准化工作的信息化水平。目前，由于养老大数据的概念模式和业务体系尚在摸索阶段，因此，针对养老大数据制定的相应标准和规范都有待进一步健全和完善。这些标准规范有一部分是从国家和政府层面出台的各项法规、政策和文件，也有一部分是源自于行业内部的规范、导向和指南。值得注意的是，规范化和标准化从业务中来，又要在迭代改进的过程中去指导业务和服务，从而更好地完成技术、金融、项目等资源整合，推动产业链升级。

8.2 建设"互联网+大数据"平台的意义

8.2.1 对政府的意义

建设养老大数据平台有利于政府掌握动态信息，增强监管和指导职能。政务业务部门可以研究和分析养老管理服务系统产生的众多数据，加强科学编制区域和全省养老服务事业的规划指导，统筹确定养老机构、社区服务的数据量、布局、规模、扶持方向，增强以后养老服务规划的实施性，避免规划不合理和浪费资源的现象。同时辖区内人口老龄化社会的压力也得到了缓解，对经济社会的全面协调发展带来的影响将会更加深刻。

8.2.2 对企业的意义

养老大数据平台的开放可以促进相关养老机构/社区的精准建设，有利于打造养老和休闲度假旅游综合体，能够满足当地以及外来地区老年人养老、康复、医疗的需求，为工业、商业、交通运输业的发展提供广阔的市场，解决当地城镇居民的就业问题，从而促进经济发展。

信息化管理系统可以加深行业认知，推动养老行业的发展，也为行业管理、质量监控和督导提供基础依据，有力促进养老服务行业标准化水平的提升。

8.2.3 对公众的意义

养老大数据平台的建立为公众开辟了了解和选择养老服务机构、服务方式的便捷途径，同时也加快社会养老设施建设，逐步满足老年人养老的差异需求，提高老年人的生活质量，也是落实国家政策，构建和谐社会的新举措。

8.3 建设养老大数据平台的需求分析

8.3.1 养老大数据平台解决数据不互联互通、信息不共享的问题

按照国家信息化领导小组印发的《国家电子政务总体框架》,电子政务网站、政务信息资源目录体系与交换体系、信息安全基础是电子政务的三大基础设施。

在建立养老大数据平台的同时,我们需要把养老数据与省级部门、市县、乡镇(街道)、村(社区)四级管理子平台互联互通,实现对机构与人的精准管理,使各部门在统一授权管理下,与其他部门或跨部门系统交换数据,实现互联互通、资源共享,实现对分散异构电子政务的信息资源系统的无缝整合,并在新的信息交换与共享平台上开发新应用,实现信息资源的最大增值。

8.3.2 养老大数据平台解决养老数据采集难的问题

养老大数据平台需要充分获取养老人口的数据,获取方式包括数据交换、人工采集等。

数据交换获取的数据源在时效性、准确性、全面性方面有一定的局限性,人工采集则能有效解决这些问题。人工采集虽然能有效保障数据源的时效性、准确性、全面性,但其传统操作流程成本高、耗时长、效率低。而养老大数据平台则利用移动互联网、众包、众筹等创新思维,发挥社会化大众力量参与政府数据采集,从而有效解决养老大数据采集的问题。

8.3.3 养老大数据平台的数据支撑

目前由于条条块块的分割,老年人相关的基础数据往往是通过不同的系统向上报送,但是作为政府体系重要环节的区政府、街道办事处,却没有保存基本数据,平常需要什么数据，只能要求基层部门统计上报，这样不仅造成了区级政府部门宏观决策缺乏基本数据的支撑，而且也增加了基层部门的工作任务。

因此，相关部门需要建立养老数据资源库，加强对数据的统一管理。

8.3.4　养老大数据平台为老年人提供服务

如何对已有的老年人数据资源进行养老服务信息的推送是养老大数据应用的主要目标，养老大数据平台通过整体推动，将有效整合分散的社会养老服务资源，将民政监管服务、机构提供服务、老年人享受服务的信息全部整合在一起，实现老年人养老需求与机构服务对接。政府职能监管与规范机构运营相对接，形成连接老年人、企业和政府的快速信息通道，实现"互联网+养老"。

8.3.5　养老大数据平台的数据开放服务

政务数据向社会开放和利用已经成为政府在互联网时代构建新型管理和服务模式的基础性支撑。大数据技术和业务的兴起，引发了社会对数据开放的强烈需求，掌握重要数据资源的政府成为开放信息资源的带头人，部分国家已将政府数据开放纳入了国家大数据发展战略。我国一些地方政府也意识到政务数据资源向社会开放和利用已经成为政府在互联网时代构建新型管理和服务模式的基础性支撑，是实现政府治理透明化、社会管理扁平化、公共服务多元化的创新型手段。政务数据开放平台不仅要整合政府传统组织内部的数据，还要整合政府跨部门之间的数据，这些能给政府提供更多创新的运营业务。

8.4　养老大数据平台的组成部分

养老大数据平台包括信息基础设施层、信息数据资源层、信息服务平台层、信息应用系统层和信息交互展现层五部分，以及标准规范评价体系和信息安全保障体系。

8.4.1 信息基础设施层

信息基础设施层是养老大数据平台建设的硬件基础，为养老大数据平台提供网络、存储与计算资源，并负责协调不同类型异构系统的数据在传输层融合，具体如图 8-1 所示，这些资源还包括基于北斗技术的卫星定位系统、基于 ZigBee 等技术的无线/有线传感网络、基于长期演进技术的移动数据网络，以及兼容多种类型通信网络的传输系统和通用/专用数据通道。同时，为配合数据中心和通信网络等的建设，信息基础设施层为之配套相应的能源系统、安全系统、环境系统。

图8-1 信息基础设施层

8.4.2 信息数据资源层

信息数据资源层是养老大数据平台的信息资源基础，为系统收集、梳理、整合、分类涉及老年人的数据和信息，其内容包括地理空间信息、老年人基础信息、老龄产业相关信息、老龄事业相关信息，并在此基础上，面向应用主题建设业务信息仓库，支撑各类业务系统的建设与运营。信息数据资源层所汇集的信息和数据来源于政府及相关部门接入的政务数据资源、项目本身所产生的数据资源，以及老龄服务企业、事业单位对接的第三方信息数据资源。

养老大数据平台的数据资源体系由共享型的基础数据库、操作型的业务数据库和分析型的历史数据库组成,由于跨领域、综合型业务的发展,面向主题的业务数据仓库也成为该体系的一个重要组成部分,数据资源体系的结构形式如图8-2所示。

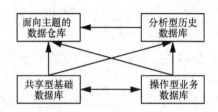

图8-2 数据资源体系的结构形式

8.4.3 信息服务平台层

信息服务平台层是养老大数据统筹资源的集成核心,为养老大数据平台的各项应用与服务提供公共信息支撑能力,这些能力包括系统内部及其与外部系统之间的数据共享和交换。

由于养老大数据平台面向不同类型的服务对象和业务类型,提供养老业务的主体也存在不同的单位性质和依托不同的网络环境,因此信息服务平台层尤其需要为养老大数据平台提供面向混合组网方式的云服务能力,使其能够同时为企事业单位内部、社会第三方运营者,以及社群开发团体提供权限控制框架下的开放业务服务,具体如图8-3所示。

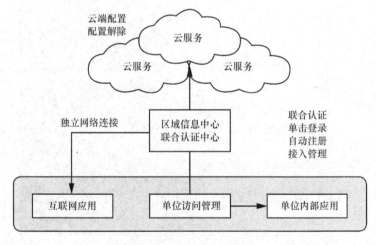

图8-3 混合云服务部署模式

8.4.4 信息应用系统层

信息应用系统层是养老大数据响应业务需求的应用呈现，为养老大数据平台提供面向用户的产品和服务：直接面对老年人的养老服务业务既包括统一适配的全媒体接入的云服务模式，也包括各种第三方的物联网系统接入服务模式；面向老龄产业服务的业务包括用户画像、市场分析、精准营销、渠道共享、网上支付等；面向老龄事业服务的业务包括电子政务、移动办公、决策支撑等。

不同类型的业务应用通过互联网的集聚和扩散，在应用使用者和内容生产者之间产生了复杂且微妙的联系，使用者渐渐成为信息的提供者，而新的智慧应用和网络行为又依赖它们之间的相互转化，具体如图8-4所示。

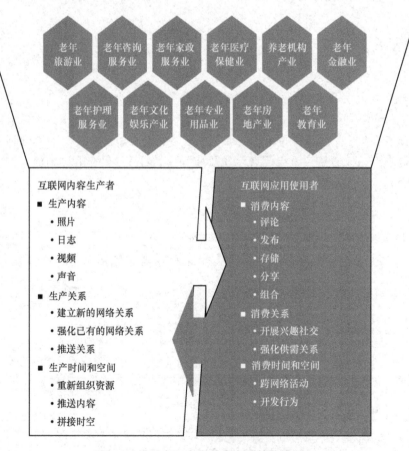

图8-4 使用者和内容生产者的转化关系

8.4.5 信息交互展现层

信息交互展现层是养老大数据平台直接面向用户的交互终端和界面，为最终用户提供支持各种终端和媒介的业务服务和交互界面，并在统一的接口和标准组织下形成全媒介服务网络，使第三方提供的涉老服务和产品得以获得渠道、入口，适应各项主流的操作系统和显示规格，具体如图8-5所示。

图8-5 信息动态交互展现示意

8.4.6 标准规范评价体系

标准规范评价体系是养老大数据平台持续发展的基石，为养老大数据平台长期健康发展提供系统通用接口协议和共性服务支撑标准，为系统架构提供参考依据，为应用标准提供索引指南，为评价模型提供指标和方法，统一和定义不同来源的术语。

8.4.7 信息安全保障体系

信息安全保障体系是养老大数据业务深化开展的技术保证，为养老大数据平台的数据安全、信息安全、网络安全、系统安全、流程安全、管理安全等提供制度保障。

从应用的角度看，养老大数据平台汇聚了来自不同行业领域的互联网和物联网信息，通过养老大数据平台整合、存储、分析信息和数据，为各类专业化应用提供规范和高效的应用支撑。这些智慧养老应用建立在信息和数据的基础上，是信息整合、归纳、分析之上的知识升华。老龄服务企业、事业单位和政府机构的发展规划、业务决策以及应急响应在互联网和大数据的支持下，为老年人提供快速、准确、及时、有效的智慧化的综合性服务，养老大数据平台为中国老龄事业的发展提出了具体的技术手段和业务模式，具体如图8-6所示。

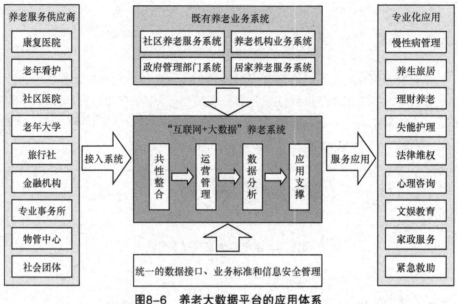

图8-6 养老大数据平台的应用体系

养老大数据系统的核心是养老大数据平台,如图8-7所示。作为智慧养老商业生态系统的中间平台和智慧中枢,养老大数据平台应具备同时部署在私有云、公有云和社群云的能力,通过对大数据的整理和抽象形成智能学习、不断优化进步的知识体系,通过统一的应用系统支撑平台为社会各界的养老服务与应用提供开放的API,使来源于互联网和物联网的信息和数据得以归纳、演绎和升华为知识并形成知识体系,为老龄事业的发展和老龄事务的决策提供有力支撑,为老龄产业和养老服务的发展提供驱动力。

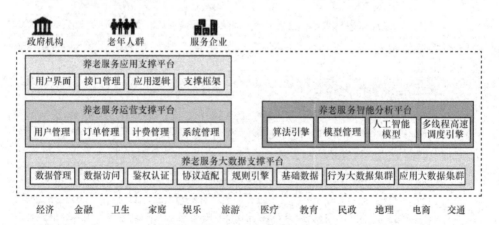

图8-7 养老大数据平台

8.5 建设养老大数据平台的方案

以某地区的养老大数据建设方案为例来说明养老大数据平台的建设。

养老大数据平台的总体架构分为养老大数据共享与交换平台、养老大数据采集平台、养老大数据信息资源库、养老大数据综合服务平台、养老大数据开放平台等，具体如图 8-8 所示。

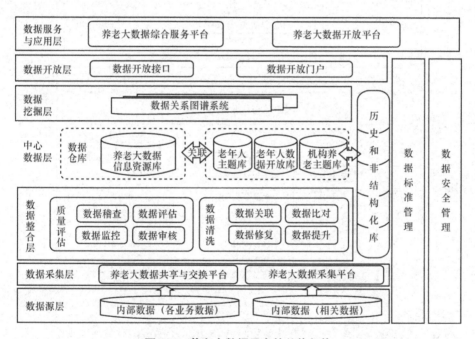

图8-8　养老大数据平台的总体架构

8.5.1　养老大数据共享与交换平台

养老大数据共享与交换平台为更多的数据共享提供支撑与整合，实现与省级部门、市县、乡镇（街道）、村（社区）四级管理子平台的互联互通、信息共享，实现对机构与人的精准管理。

养老大数据共享与交换平台在设计实现上充分考虑了以下因素：

① 应符合国家对交换信息资源管理的相关标准和规范；

② 采用先进的技术设计，包括多层设计的中间件技术体系等；

③ 吸收目前在政务资源交换与管理实施方面的经验和对一些技术实现的可行性验证，在平台设计上做到客观、实际和以满足业务应用需求为主导；

④ 设计实现的方式完全基于现有集成中间件产品。其系统架构如图 8-9 所示。

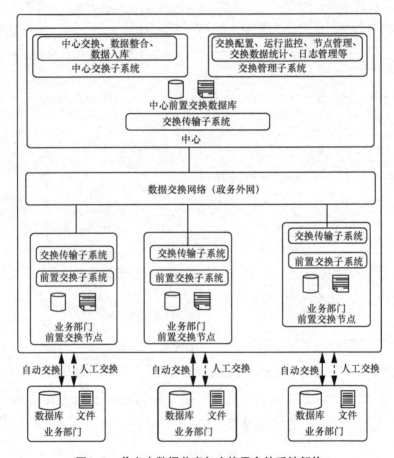

图8-9 养老大数据共享与交换平台的系统架构

8.5.2 养老大数据采集平台

针对养老人群的特殊性，建设养老大数据采集平台可以利用移动互联网、众包、众筹等创新思维，发挥社会化大众力量参与政府数据采集。一方面，市民可以利用自己的空闲时间来采集数据，填写个人数据信息；另一方面，工作人员可以通过社会大众，低成本、高效率地获取高质量的数据源。

养老大数据采集平台是基于移动位置服务的众包数据采集和服务终端，此平台兼具发布数据采集任务、执行数据采集任务、数据存储、数据处理、任务管理、采集员管理、财务管理等功能，业务模式如图8-10所示。

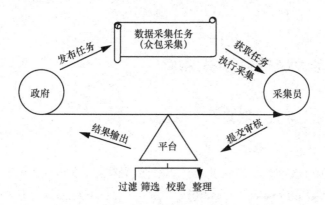

图8-10　养老大数据采集平台的业务模式

按照功能模块的客户目标划分，养老大数据采集平台的各个模块可以分为智能终端层、后台服务层、数据管理及整合层三大类。

8.5.2.1　智能终端层

服务器提供的基于 GraphQL 的通用数据访问接口，通过 SSL 证书和多因素认证系统保证信息安全。客户端可以采用模块化开发自由定制完成。

8.5.2.2　后台服务层

后台服务层采用基于开放云计算平台的后台服务框架，将同时支持 OpenStack 与 CloudStack 为基础的公有云、政务云以及私有云。服务器应用端采用 Tomcat 8+Java 8 与 spring MVC+mybatis 开发。文件存储与服务器应用端分离。后台服务层使用 GraphQL 标准统一接口规范，简化端口，提供高历史版本兼容性。服务器做到数据与应用分离，提供高可用性，负载均衡。

8.5.2.3　数据管理以及整合层

该层运用众包调度算法即使用国际领先的空间众包算法研究成果，实现最低成本、最高数据质量的众包数据采集。

生产数据采用 McRouter 与 memcached 为基础的缓存框架，数据存储层采用灵活的配置模块，既可以配合 RocksDB 等非关系型数据库（NoSQL），也可配合 Oracle、DB2、PostgreSQL、MySQL 等传统的关系型数据库。

即时的数据分析、日志整理与监控通过 Storm 或 Spark Streaming 来完成，保证数据的实时可用性。同时，Hadoop、Hive 与 Spark 及 Spark SQL 可以实现数据的离线批量整合与分析。

8.5.3 养老大数据信息资源库

8.5.3.1 数据归集与关联集成

（1）网络数据爬取

随着互联网技术的发展以及云计算浪潮，爬虫技术也逐渐向分布式方向发展。网页数据爬取流程如图 8-11 所示。如 Google 的爬虫就是使用成千上万台小型机和微型机合作，完成分布式抓取工作。分布式技术不仅可以解决 IT 运营的成本，还可以提升爬虫的效率，尤其是当今云计算的热潮，更把分布式技术的运用推向了极致。

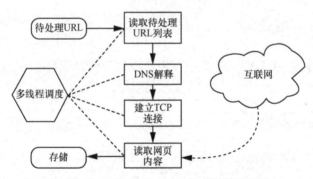

注：URL（Uniform Resource Locator，统一资源定位系统）。
　　DNS [Domain Name System，域名系统（服务）协议]。

图8-11　网页数据爬取流程

（2）内部数据共享交换

用户通过共享与交换平台，订阅养老的相关数据，集成、整合内部数据。

（3）外部数据获取

养老机构通过养老大数据平台，大大地补充了数据采集来源，不但降低了数据采集成本，还满足了多样化的数据采集需求。

8.5.3.2 信息资源库的数据标准

（1）规则管理

规则管理模块支持用户自定义标准规则，统一管理入库的标准规则，实现对象与标准的映射关系。系统支持函数依赖、字典规则、值域规则、SQL规则、包含依赖规则、正则规则和定制规则。

（2）规则查询

规则查询模块可以对数据规则进行简单查询和高级查询。简单查询主要是指输入规则名称后直接进行的查询，高级查询是指可以通过规则名称、规则分类、数据对象、表达式和规则类型进行的综合查询。

（3）数据元管理

数据元管理模块整合汇总标准中的信息项，能够使用户在数据元中创建元规则和代码规则，以及使用户能够实现数据元和标准包的映射操作。

（4）元规则管理

元规则管理模块提供对元规则的新增、修改、删除和查看操作。

（5）数据字典管理

数据字典管理模块实现对各局点提供数据的归类管理，指定数据来源和该数据来源对应的数据对象，支持表、视图，支持虚拟列。

（6）数据标准化

数据标准化模块基于MapReduce（映射归约），提供了大数据下的数据增强以及标准化的能力。系统应用相关行业标准和参考数据，来验证数据，当发现数据缺失时自动补全数据，同时，对非标准数据进行标准化处理。

8.5.3.3 数据质量评估服务

养老大数据平台对当前数据的更新是持续进行的，新的数据更新与增加需要进行基础数据的梳理与转换，然后与整体数据关联融合。同时，养老大数据平台需要将新加载到大数据平台的数据进行全面的质量稽查、标准化、修复和匹配融合，利用完整的数据质量理论，从重复性、关联性、完整性、合规性、一致性和正确性六个维度进行全方位的数据质量梳理。

（1）数据探索

数据探索是治理数据质量的重要前提。养老大数据平台只有充分地理解数据，对当前数据质量状况获得充分认识后，才能制订合理的数据质量稽核和提升规则，才能有效地制订数据质量的改进计划和方案。数据探索架构如图8-12所示。

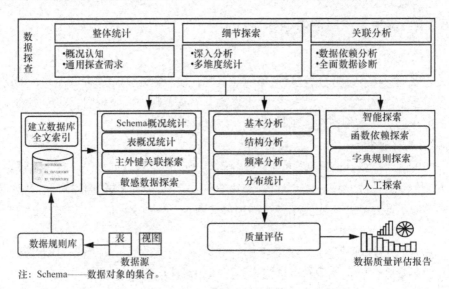

图8-12 数据探索架构

（2）数据评估

养老大数据平台可客观地评估数据质量的情况，生成不同格式的报告。

评估报告的生成：选择评估规则和对象，配置并运行质量评估任务，产生评估报告。

评估报告的下载：支持以html的格式导出评估报告。

（3）数据稽查

养老大数据平台针对数据重复性、关联性、完全性、合规性、一致性和正确性等多个质量要素，以及数据演进过程中产生的问题，设置多个检查点核查数据的质量问题，并生成报告，针对不同的应用场景可分为规则稽查、重复性稽查、关联比对稽查三种。

① 规则稽查

规则稽查是指平台将业务规则转换为平台可识别的数据规则，平台支持值域、函数依赖、正则、包含依赖、字典规则、自定义等多种数据规则，规则来源如下。

自动剖析：通过预置的算法及数据本身的规律自动发掘数据规则。具体的规则类型包括函数依赖规则、字典规则、值域规则，规则基于表或者视图定义。

人工定义：基于用户对业务的理解和数据探索的结果而定义的规则。该规则类型包括函数依赖规则、字典规则、值域规则和SQL规则。函数依赖、字典规则和值域规则是基于表或视图定义的，SQL 规则是基于数据源定义的。

② 重复性稽查

多个系统或同一个系统中存在大量相似的数据，如系统中人的身份证不同，但在数据被录入系统时姓名、电话、住址、民族、邮箱等信息可能存在相似之处。

平台可依据已有的相似比对算法，智能匹配数据实体，发现数据中重复的数据组，从而给合并重复数据提供可能性，有效解决通过手工无法完成的问题。平台还应提供分块、相似比较算法、决策规则等算法的二次开发或配置，灵活支撑不同应用场景下的需求。

③ 关联比对稽查

数据从独立的系统来看都是正确的，但将多系统间数据进行整合后，数据间的冲突将暴露出来，如不同系统间的人口数据中同一个人的姓名、邮箱信息存在冲突。

平台支持多数据源、多属性的信息比对，提供冲突检测算法和二次开发接口，灵活支撑不同应用场景下的需求。

（4）数据清洗加工服务

数据加工处理的过程是将来源于不同数据源的数据，按统一的数据处理机制整合到基础资源数据库中，完成数据的抽取、清洗、转换、整合、传输、加载等操作。该操作是基础资源数据库建立的核心过程。

数据加工处理就是将各种来源的数据上传到服务器，利用数据仓库技术（Extract-Transform-load，ETL）工具进行一系列操作，最后加载入库。ETL 跨平台对多系统数据进行采集和整合，确保新的业务数据不断进入，使基础资源数据库能反映最新的业务动态。ETL 涉及大量的业务逻辑和异构环境，从整体的角度来看，其主要作用是屏蔽了复杂的业务逻辑，从而为各种分析和应用提供统一的数据接口。

ETL 可被划分为全量 ETL 和增量 ETL 两种方式。全量 ETL 方式主要初始化数据仓库，而增量 ETL 则用于数据仓库的数据追加和更新等维护。

具体加工服务的功能包括数据处理机制、数据抽取、数据清洗、数据转换、数据加载、数据比对和数据关联。

（5）数据质量提升工单系统

为了及时地发现问题数据，包括残缺数据、错误数据、重复数据等，同时能够及时修复这些数据，因此，平台应能对养老信息资源库的数据提供数据质量监测服务，保障及时地发现问题数据，并快速地处理问题数据。

对于系统无法自动或人工无法在养老信息资源库的基础上进行修复的问题数据，平台应建立问题数据工单，进行问题数据工单跟踪管理。对于问题工单数据的管理需要实现以下功能服务：数据问题处理、数据问题写入、手动定义问题、数据问题派发导出、数据问题状态管理、问题数据循环体系和人工处理。

（6）数据关系图谱系统

平台可基于对老年人数据、机构/社区数据、老年人居住房屋之间关系的基础上，利用最新的信息技术，建立一个养老数据关系图谱，并基于社会关系提供社会关系服务，把辖区内老年人的相关信息连接起来，形成一个立体的关系网。在这个基础上能提供人员查询、关系查询、关系路径查询、子图模式匹配等功能，并为社会管理提供支持。具体服务功能包括以下几个方面。

① 实现老年人信息的搜索。

② 实现机构/社区的搜索。

③ 实现居住房屋的搜索。

④ 在社会关系大图上实现疫情防控推演，对突发疫情进行汇总、分析和推演。其中分析应该包括感染路径分析、地理聚集分析。推演是指可根据"已知感染者"用特定算法推测出"易感染者"。

⑤ 记录和存储个人历史信息的变动情况，形成人物动态轨迹图，有效地还原人物在各个阶段经历的变迁过程，如住址变化、工作单位变化、教育情况变化等。

⑥ 进行严密的系统权限设计，根据用户角色的不同，具备不同力度的搜索权限。

（7）养老基础数据库

养老基础数据库主要是收集与养老相关的数据，它不仅可以整合辖区内养老数据的现状情况，同时也有利于建立各种养老数据主题库和业务库。养老基础数据库包含的信息如下：

① 老年人的详细信息数据；

② 老年人的分类数据；

③ 老年人的各类服务数据；

④ 老年人的健康数据；

⑤ 老年人的补贴发放数据；

⑥ 老年人的生命体征数据；

⑦ 老年人的居住环境数据；

⑧ 老年人的家属情况数据；

⑨ 老年人家属的意见反馈数据；

⑩ 社会公益捐赠的数据；

⑪ 社会义工的数据；

⑫ 社会义工的工作数据；

⑬ 养老机构/社区的法人数据；
⑭ 养老机构/社区的基本情况数据；
⑮ 医院分布数据；
⑯ 床位动态数据。

（8）老年人主题库

老年人主题库需要在养老基础数据库规划的基础上，建立其数据库模型，对各类应用数据进行综合管理，设计良好的数据库，其数据结构和存储方式完全独立于各种职能区域和业务过程中使用到数据的应用。老年人主题库包含的信息如下：

① 老年人的详细信息数据；
② 老年人的分类数据；
③ 老年人享有的服务数据；
④ 老年人的健康数据；
⑤ 老年人的补贴发放数据；
⑥ 老年人的生命体征数据；
⑦ 老年人的居住环境数据；
⑧ 老年人的家属情况数据。

（9）老年人数据开放库

为了全面推动辖区内养老产业的发展，带动养老相关产业的经济效益，养老大数据平台可以将老年人主题库数据的脱敏数据信息开放给相关的机构和企业。

（10）老年人机构/社区养老主题库

老年人机构/社区养老主题库可为民政部门的规划布局提供数据基础，使小区规划和社区养老机构做到同步规划建设、同步交付使用，充分发挥民政部门既管城乡社区建设，又管养老服务设施建设的优势，积极进行内部资源整合，统筹利用社区资源。民政部门可根据该数据库的数据制定相关的建设标准。

8.5.4 养老大数据综合服务平台

养老大数据综合服务平台主要是为市政府工作人员和决策者快速找到服务对象提供支持，使其能够了解服务对象的数量、每个对象的联系方式、联系地址等信息，方便为服务对象提供主动服务、精准服务、个性服务。

平台的主要功能是为老年人提供一个养老服务的主动推荐、养老服务的查询、养老服务评价、养老服务预约申请、办事指引的平台，建立一个服务对象（老年人）与公共服务提供者（政府部门）之间的互动、沟通桥梁。

养老大数据综合服务平台的综合服务用户分为工作人员、决策者和老年人：工作人员指直接服务于居民的办事人员，如高龄老年人津贴受理人员等，工作人员大部分是办事处、社区的工作人员；决策者指民政部门的领导，以及负责基本公共服务各个具体领域的各委办局领导。

8.5.5 养老大数据开放平台

8.5.5.1 数据开放安全机制

养老数据的开发一定是有步骤、有保障、有分级的开放。作为和公众个人息息相关的养老数据，更加需要安全和保障，因此养老大数据开放平台需要对数据进行安全分级，从而做到有组织、有保障、有分级、有步骤的数据开放。

（1）数据安全分级

数据安全分级采取传统信息安全分级和数据访问权限控制结合的方式。

1）传统信息安全分级

基于传统的数据安全分级方法，我们把数据的安全等级分为多级，从而更好地指导数据的安全管控。数据开放等级应当根据信息数据在国家安全、经济建设、社会生活中的重要程度，信息数据遭到破坏、泄露后对国家安全、社会秩序、公共利益以及公民、法人和其他组织的合法权益的危害程度等因素确定。信息数据的安全保护等级分为五级，具体如图8-13所示。

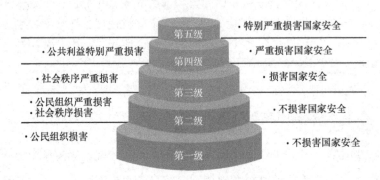

图8-13 信息数据的安全保护等级

第一级，信息数据被破坏后，公民、法人和其他组织的合法权益受到损害，但国家安全、社会秩序和公共利益不会受到损害。

第二级，信息数据被破坏后，公民、法人和其他组织的合法权益受到严重损害，或者社会秩序和公共利益受到损害,但国家安全不会受到损害。

第三级,信息数据受到破坏后,社会秩序和公共利益受到严重损害,或者国家安全受到损害。

第四级,信息数据受到破坏后,社会秩序和公共利益受到特别严重损害,或者国家安全受到严重的损害。

第五级,信息数据受到破坏后,国家安全受到特别严重的损害。

2)角色访问控制

养老大数据开放平台按照访问角色分级,对各个访问数据的角色进行安全控制,例如,政府某部门、政府人员、法人、个人、数据开放中间机构等,针对每一种角色都有对应的安全控制机制,例如,法人需要验证营业执照、个人需要验身份证等。

(2)数据来源

养老大数据开放平台按照数据来源进行安全分级,考虑到不同数据来源安全等级的不同,需要根据其实际情况来确定其安全等级。

(3)隐私规则

隐私规则是指针对保护隐私的规则。为了防止公众通过对已经开放的数据进行推导,导致个人、法人、国家的隐私数据泄密,因此养老大数据开放平台需要设置隐私规则对数据进行保护,从而实现对个人、法人、国家等数据的隐私保护。

8.5.5.2 数据管理层

(1)数据目录管理

数据目录管理是基于数据开放的服务和应用发布的,为了更好地管理各类数据、各类应用、各类服务、各类用户,相关工作人员对平台中涉及的数据、服务、应用、用户进行了全面的分类统计和管理,类别清晰,方便管理平台资源。

平台的目录管理设计分为数据目录管理、服务目录管理、应用目录管理和认证商目录管理四大类。每一个类别再被更加细致深入地分类管理,真正实现数据开放的合理管理、安全管理。

(2)数据发布管理

为了确保政府政务数据开放平台的数据共享,养老大数据开放平台规范合理地使用和管理数据,只有对数据进行统一的管理,建立健全的数据管理、服务、共享和使用的各项规章制度与流程,采取可靠的技术措施,妥善保管数据和资料,并保障共享技术平台的正常运转,保证开放数据使用者的及时使用,才能更好地为科学研究、经济建设和社会发展服务。

因此，数据开放的管理是一个非常重要的环节，相关人员首先需要制定合理的数据管理流程，使用者申请数据，平台审核、发布、下载和使用数据都需要非常严谨的流程。这样才能保障每一份数据在使用者手中都能合理的、规范的被使用，为社会提供优质的应用服务。数据开放平台的功能模块包括数据审核管理模块、数据发布管理模块和数据下载管理模块。

为了规范数据的使用，开放平台在数据被使用的过程中，对于每一份数据的发布必须进行相关的数据流程管理、审核与发布，方可保障数据的有效使用。

数据发布的管理流程如图8-14所示。

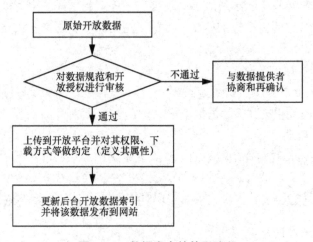

图8-14　数据发布的管理流程

（3）应用发布管理

每一个通过使用开放平台数据开放的应用，相关人员在发布提供数据与应用服务的时候，必须通过开放平台的应用申请与审核之后，才可发布使用。此功能模块的设定，是为了更好地规范养老数据的合理使用，避免被人非法使用养老数据。因此，相关人员必须严格管理业务应用。

业务应用管理的功能模块包括应用审核管理模块、应用发布管理模块和应用下载管理模块。

为了更好地规范数据的使用，数据服务开放的应用发布管理尤其重要，不是所有的应用都能够被发布，必须在符合规定范围内的应用才能够被发布使用和运营。对于应用的发布流程必须进行严格的把控，每一个类别的应用发布必须遵守发布流程。

（4）数据更新管理

针对需要发布的数据资料类的数据，数据开放平台采用更新加插入的方式保证数据处于最新的状况。如对于老年人的资料信息,数据开放平台在加载最新数据时,应及时更新已有的老年人口数据。对于新增加的老年人口信息,则直接加入信息资源库中,以保证新入数据的及时入库。

8.5.5.3 数据开放层

数据开放层的获取方式包括数据开放接口和数据开放门户,前者是提供给用户调用数据的服务接口,后者是提供给用户使用数据服务的服务平台。

数据开放接口通过数据调用、数据推送、数据标签等方式对用户提供API,通过接口管理实现数据开放接口的运行管理和监控管理。

数据开放门户向用户提供数据搜索、数据导航、数据浏览、数据订阅、用户反馈、接入规范等功能模块,方便用户快速查找所需的数据,了解数据的类型、内容、格式、调用方式,通过数据调用、数据订阅等方式,用户可快速开发应用。

同时,数据开放平台记录数据的利用日志,同时提供反馈API,鼓励社会力量积极参与养老数据资源的深加工和再利用,从而扩展养老大数据的应用范围,盘活养老信息资源的价值。数据开放层的框架如图8-15所示。

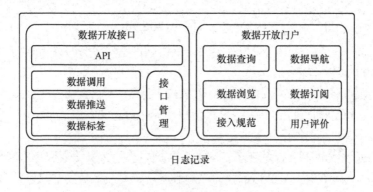

图8-15 数据开放层的框构

8.5.6 养老服务综合数据分析系统

智慧养老系统是通过整合老年人的各类数据信息,并能及时更新基础数据库、服务资源库,采用多种分析模型,及时、全面地掌握老年人的基本信息、服务信息、服务质量等数据。

8.5.6.1 数据分析模型

（1）趋势分析

趋势分析以月为基本时间单位分析数据，对各种类别指标进行一个或多个维度的分析，反映其在某一时间段内在不同维度的走势情况。

趋势分析中不仅可对单一指标（如养老服务消费指标值）进行以月为单位的走势分析，还可同时对多个指标进行分析（如当月值与当月增幅，当月增幅与累计增幅），这样更有助于分析人员及时地发现问题。

（2）对比分析

对比分析分为横向、纵向两种对比：纵向对比为时间对比，提供同比、环比或任意两个时间的对比；横向对比主要是本养老企业与同行业、同类养老服务机构的对比及全国相应指标的对比分析，对比分析主要是对比不同口径之间的差异和对比同一口径下不同项之间的差异。

（3）排名分析

排名分析是对不同维度各月排名进行分析，既可快速地了解某一维度的当月排名，更可查询其在连续一段时间内的排名。排名有区域内排名、行业排名、同行业排名、全国排名等多种情况。

市场经济环境下的企业经济活动通常根据年度计划进行分析，同样具有计划性。在企业的经济活动中，跟踪计划的完成情况是比较重要的。

（4）目标跟踪分析

目标跟踪分析采用关键绩效指标考核技术实现，企业可以设定总体目标和分解目标（目标之间具有层次性），系统会根据实际数据的发生情况，以一种直观的方式展现目标的实现情况和发展趋势。

系统通过实时采集智慧养老管理平台数据中心的各类养老服务券发放、养老服务工作执行、养老服务商城运营、养老服务质量反馈等数据信息进行多维处理、分析、汇总，形成可视化的报表、图像、模型，及时掌握老年人的基本状况、服务需求状况、资金管理使用情况等信息，为养老企业管理和领导决策提供数据支撑和参考。

8.5.6.2 老年数据分析项目

系统通过集成数据仓库、海量数据处理、计算机仿真、数据动态可视化等技术，对老年人养老服务需求进行统计与分析，全方位地预测老年人个体在基本养老、医疗康复、精神慰藉等方面的养老需求，使老年人或其监护人能够根据预测结果选择合适的养老方式及养老服务。老年数据分析项目如图 8-16 所示。

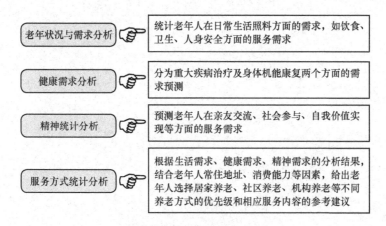

图8-16　老年数据分析项目

8.5.6.3　功能说明

养老服务综合数据分析系统的子系统及其功能说明见表 8-1。

表8-1　养老服务综合数据分析系统的子系统及其功能说明

序号	子系统名称	功能说明
1	数据获取子系统	系统需具备采集平台现有业务数据及互联网数据的功能，并通过日志描述和其他方式记录所采集的数据
2	数据集成子系统	本系统需具备对所获取数据的进一步抽取，以及数据的清洗和存储功能。存储位置为养老事业科学决策数据仓库
3	数据处理子系统	本系统需具备数据处理所需的系统通用功能，从而为监测分析系统提供有效的输入
4	分析预测子系统	本系统需具备对老年人现状进行分析、养老服务需求进行预测，以及提供养老方式及所需服务的建议的功能
5	数据可视化子系统	本系统需具备根据不同模型所涉及业务的各自特点，开放相应的展示系统，将模型输出结果中不同类型、不同应用场景的数据以可视化展现的功能，包括传统的饼图、条形图等，以及更加直观的散点图、雷达图、仪表图等，并支持基于GIS的数据展示

第三篇 案例篇

第9章 大生智慧养老健康管理平台

第9章

大生智慧养老健康管理平台

9.1 建设目标

大生智慧养老健康管理平台基于智慧养老商业模式，构建以大生云平台为中心，通过平台型终端及大生健康服务网的建设，整合前端的体检资源及后端的医疗资源，真正形成老年人体检（建立健康档案）、老年人动态体检（随身体检设备及自助体检终端）、老年人医疗资源配备等一体化的老年人健康管理方案，并最终通过网络及移动体检终端等实现家庭、社区、机构及村镇养老的全面覆盖，形成具有示范引领效应的老年人健康管理运营体系。智慧养老商业模式的创新如图9-1所示。

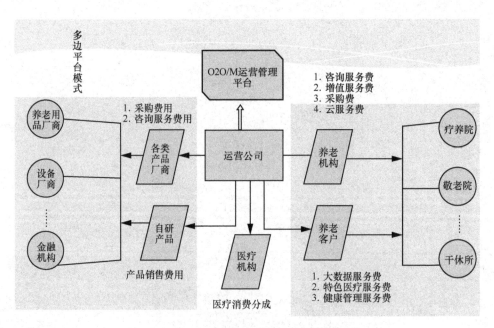

图9-1 智慧养老商业模式的创新

智慧健康管理运营体系如图 9-2 所示。

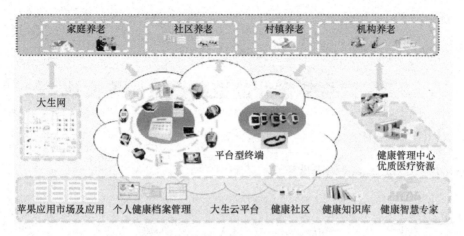

图9-2 智慧养老健康管理运营体系

9.2 智慧养老健康服务体系

智慧养老健康服务体系如图9-3所示。

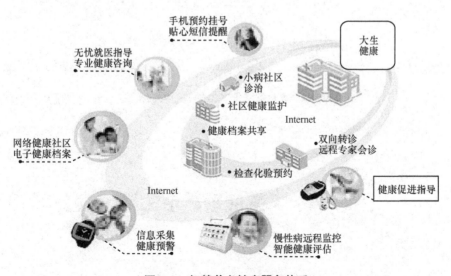

图9-3 智慧养老健康服务体系

9.3　大生智慧开放型的健康管理模式

大生智慧开放型的健康管理模式如图9-4所示。

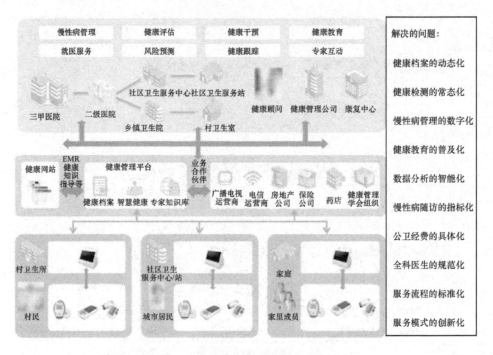

图9-4　大生智慧开放型的健康管理模式

9.4　大生健康养老生活

大生公司为老年人提供全方位的健康管理服务，具体项目如图9-5所示。

图9-5　大生公司为老年人提供全方位健康管理服务的项目

9.5　老年健康服务工作站

老年健康服务工作站集全科医疗检查和信息化于一体,包括心电图、尿常规、血压、血氧、体温、脉搏、检眼镜、检耳镜等多项检验项目和基本医疗信息化系统,是适宜基层机构(养老机构、社区卫生服务中心、乡镇卫生院、村卫生室、药店等)驻点全科医生使用的设备。设备轻巧便携,方便工作人员出诊或入户随访和开展公共卫生服务(慢性病、妇幼保健等)。系统自带身份识别模块,可准确便捷地建立个人电子健康档案。图9-6为老年健康服务工作站的产品和界面示意。

图9-6　老年健康服务工作站的产品和界面示意

9.6 健康云管理平台

健康云管理平台是基于云计算技术构建而成的，该平台全面管理全科医生工作站和健康档案数据，具备数据交换、数据标准、注册和主索引、健康档案、基本医疗、公共卫生、基药管理、医保（新农合）结算、知识库等基本功能。健康云管理平台的主要功能如下。

① 主动响应：通过系统监控与自动值班，实时感知老年人的体征，做出预测式援助。

② 健康档案：传感器自动采集、检查用户的各项身体指标，用户可随时了解和查询自身的身体状况，结果可自动被上传到云服务平台上，形成全面准确的健康过程档案。这是对老年人的健康状态进行分析、提醒和援助预测的基础。

③ 健康预警：当用户指标异常时，平台自动"报警"，救助人员第一时间赶赴现场，应用大数据分析结果采取最有效的方法救助。同时，平台自动将报警信息同步发送至监护人，让监护人及时了解处理结果并给予关怀。

④ 健康报告：平台定时分析用户健康档案，为老年人提供个性化的健康状况及趋势分析评估报告，并结合运动、膳食等保健养生知识给予针对性的建议和关怀。老年人的健康趋势分析和健康指导内容可通过多种方式（短信、App等）与监护人（亲属、子女等）同步。

9.7 电子商务平台

电子商务平台的定位：最专业的网上药店和多通路的健康服务提供商。电子商务平台着重客户购物体验、会员关怀、健康咨询；优先发展会员，为会员提供健康服务，打通线上、线下会员营销及配送物流，整合电子商务、会员系统、仓储物流、呼叫中心，形成24小时的健康服务咨询，以会员为核心建立家庭健康药箱、企业健康药箱，并宣传企业形象的品牌效应。

围绕B2B大客户业务所涉及的业务内容，大生建立了一个集采购、订货、销售、物流、配送、资金往来、账务往来等功能的信息化交互平台。该平台打通线上、线下的业务壁垒，统一业务规则，实现数据互通、流程互通。

以B2B、B2C平台为窗口，电子商务平台吸引更多优质的上游供应商和厂商、下游经销商、第三方服务商等资源，进行资源的再整合、再优化，具体如图9-7所示。该平台以客户需求为导向，提供更多增值服务，增加消费者对公司的依赖程度；同时，提高综合实力，从产品提供商向综合业务提供商转型，形成公司所特有的经营模式和盈利模式，进而形成核心竞争力。

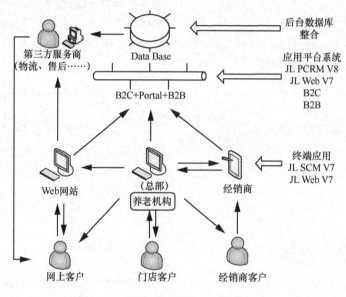

图9-7 资源的再整合、再优化示意

大生围绕"专业化的老年产品销售商、全方位服务于客户"的战略理念，将电子商务平台建设成能够适应未来市场需求的新一代经营企业。

9.7.1 建设概要

电子商务平台的建设涵盖了企业与企业之间、企业与供应商之间、企业与经销商之间等B2B方面的所有实物往来、账务往来、物流往来等功能，具体见表9-1。平台给供应商提供统一下单采购、财务对账、物流配送响应等功能；给经销商提供一个统一的下单窗口、结算窗口、物流配送窗口。

表9-1　电子商务平台的功能

B2B基础	B2B供应商管理	B2B经销商管理	B2B第三方管理	B2C
审核公司 审核主体关联 注册公司查询	订单查询 收入单/结算登记单 结算付款单	订单查询 分销单查询 经销商往来明细账单	定义送货人员 送货派工 送货回执	企业介绍 门店管理 会员管理
审核新角色 定义公司菜单	供应商往来明细账单 供应商往来总账单 经销商未结账单 代销联营未结账单 入库单/返厂单/变价单 商品进、销、存报表 商品销售报表 商品批次报表 库存商品	经销商往来总账单	送货单打印 查询送货单 安装派工 安装回执 定义售后人员	商品管理 销售管理 活动管理 售后管理 积分管理 信息管理 支付管理

电子商务平台为消费者提供一个统一、高效、自主的 B2C 平台，让消费者能够在一个共同的平台上对自身消费的情况、积分情况、会员情况进行管理和操作。这样，一方面增加了消费者对平台的依赖程度，另一方面也刺激了消费者的消费欲望。

9.7.2　活动导航

① 内容说明：访问量统计排行、新品或热卖或推荐商品排行（与网上商城系统对接后可导出数据）、市场活动、促销信息、最新动向。

② 展示对象：一般消费者、养老机构管理者。

③ 表现形式：在现有系统中实现销售数据的汇总统计，根据权限的控制在网页上显示。一部分数据给客户浏览时观看，一部分数据供加盟商查询，包括品牌销量排行、类别单品销量排行、实体店销量排行、实体进货排行、周或月或季度上升最快产品排行等。

9.7.3　药理知识

① 内容说明：药品知识、药理知识、药箱服务知识、购买指导等专属化服务

介绍。

②展示对象：一般消费者、会员、高级会员等。

③表现形式：静态或动态的文字、图片、Flash 动画、视频等。

9.7.4 会员中心

①内容说明：会员服务、会员待遇、会员折扣、积分商城等。

②展示对象：一般消费者、会员。

③表现形式：积分模块须在网页上展示内容，会员才能使用网上商场中的积分模块。会员分为两种：一种是实体店注册会员，注册后生成相应的编码，在网站上同样生效；另一种是在网站上注册并进行激活的会员，以电话或短信的形式进行信息核实成为潜在会员，在网站上消费后成为实际会员。

9.7.5 积分商城

①内容说明：会员积分查询、积分换礼品、积分换服务等。

②展示对象：会员、一般消费者。

③表现形式：会员的积分累积到一定程度可以兑换礼品、优惠电子券等。

网上兑换的赠品与现有的供应链对接。会员能实现网上积分查询，并且也可进行积分兑换操作，网上兑换完成后，进行物流送货。送货方式应支持：客户持有效证件到相应的门店自提赠品；与快递公司对接，已兑换的赠品由快递公司发送，通过快递单号可查询快递进度；物流送货时将赠品商品同时送给客户。

9.7.6 动态导购

①内容说明：按照商品分类的不同设置不同的导购类型。

②展示对象：一般消费者。

③表现形式：文字、图片、视频、即时聊天。

④建议：使用在线聊天系统（直接接入微信或其他社会化工具），其示例如图 9-8 所示。

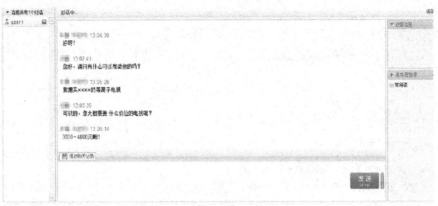

图9-8 聊天窗口

9.7.7 商城团购

商城团购界面如图9-9所示。

图9-9 商城团购界面

建议：模仿目前比较流行的网上团购形式，对接现有的系统以短信或语音的形式告知客户相应的团购活动及内容，用户获得发送到手机的相应密码，依据密码参与活动，也可考虑团购密码是否支持转售、赠予他人等。

9.7.8　VIP 网上会员业务

① 用户登录用户名和密码后，查询 VIP 卡、积分卡、储值卡，包括查询历史消费记录、积分记录、服务记录、储值记录和修改个人信息等。
② 用户可实时查询送货、安装、维修、投诉等行为的处理状态和处理结果。
③ 用户可对第三方企业（网点）的服务质量进行评分或投诉。
④ 网上用户消费金额累计到一定程度可申请成为内部 VIP 会员，其网上消费金额将一并作为积分计算。
⑤ 已成为内部 VIP 会员的用户在网上消费，其金额一并作为积分计算。

9.8　E-Learning系统——云学习平台

对于构建中国养老产业运营服务体系来讲，我们可以总结为硬件、系统和人三个方面；硬件是基础支撑，系统是技术支撑，人是技术核心的执行者。这三者是相互制约、相互影响的，结构、设备、硬件会影响到系统，系统会影响到人。网络教育与实体教育并行，实地的实践经验可快速培养养老机构等单位需要的人才，这样才能满足中国养老产业急需的人才需求。大生的云学习平台将提供以下学习服务。

① 护理培训学院：培养养老机构需要的管理人才，如养老院院长、养老规划师；专业技能人才，如养老护士、老龄康复师等；培养养老机构需要的非技能型服务人才等；还可培训家人如何照顾老年人，特别是照顾失能、失智老年人的身心健康等；为"爱心护理工程"培养高素质的管理人才和专业护理人员，力争让所有基地的管理人员、护理人员都拥有人力资源和社会保障部颁发的国家认可的职业证书，把"爱心护理工程"的专业化水平和人员素质提高到一个崭新的阶段。

② 老年大学：为机构养老、社区养老和居家养老的老年人提供老有所学、老

有所乐、老有所为的环境，使老年人能够活到老、学到老，保持健康的身心，保持积极进取的精神。

9.9 开放的内外部运营管理云服务平台

图 9-10 所示为智慧养老内部运营管理云服务平台。

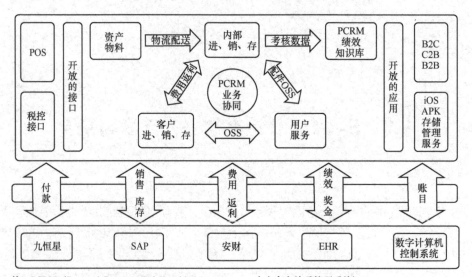

注：PCRM（Personal Customer Relationship Management，个人客户关系管理系统）。

图9-10 智慧养老内部运营管理云服务平台

图 9-11 为智慧养老运营外部接入云平台。

我们建立面向养老机构提供信息化服务的智慧养老运营平台（云数据中心），所有养老机构通过运营商网络（可以是专线、ADSL、3G 或 4G 以及 5G 通信网络），以 VPN 或互联网方式连接云数据中心。

基于云计算架构和统一的数据交换平台将在云数据中心统一部署，形成外部利益相关者生态系统的云服务平台。

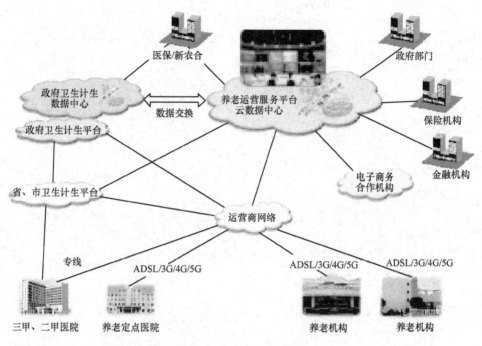

注：ADSL（Asymmetric Digital Subscriber Line，非对称数字用户线路）。

图9-11　智慧养老运营外部接入云平台

参 考 文 献

[1] 潘峰,宋峰. 互联网+社区养老:智能养老新思维[J]. 学习与实践,2015,(09):99-105.

[2] 睢党臣,彭庆超."互联网+居家养老":智慧居家养老服务模式[J]. 新疆师范大学学报(哲学社会科学版),2016,(05):128-135.

[3] 同春芬,汪连杰."互联网+"时代居家养老服务的转型难点及优化路径[J]. 广西社会科学,2016,(02):160-166.

[4] 贾海彦,张红凤. 基于产权约束的基层养老服务资源优化配置研究[J]. 中央财经大学学报,2016,(01):16-22.

[5] 张丽雅,宋晓阳. 信息技术在养老服务业中的应用与对策研究[J]. 科技管理研究,2015,(05):170-174.

[6] 张丽雅,宋晓阳. 信息技术在养老服务业中的应用与对策研究[J]. 科技管理研究,2015,35(05):170-174.

[7] 张乃仁. 我国养老服务产业发展的困境与对策[J]. 中州学刊,2015,(10):74-78.

[8] 席恒. 分层分类:提高养老服务目标瞄准率[J]. 学海,2015,(01):80-87.

[9] 童星. 发展社区居家养老服务以应对老龄化[J]. 探索与争鸣,2015,(08):69-72.

[10] 张泉,邢占军."互联网+养老"概念辨析[J]. 社会福利(理论版),2016,(01):12-16.

[11] 郝涛,徐宏."互联网+"时代背景下老年残疾人养老服务社会支持体系研究[J]. 山东社会科学,2016,(04):158-164.

[12] 陈莉,卢芹,乔菁菁. 智慧社区养老服务体系构建研究[J]. 人口学刊,2016,(03):67-73.

[13] 荆爱珍,侯雨,齐彩虹. 基于大数据技术的医养结合养老模式研究[J]. 湖北科技学院学报,2016,(10):19-22.

[14] 陈四清. 国内外物联网技术在养老护理领域的应用与展望[J]. 中国老年学杂志,2015,(09):5349-5352.

[15] 杨静,张晓,许春秀.物联网在智慧养老建设中的应用[J].产业与科技论坛,2015,(19):60-61.

[16] 马贵侠,叶士华.政府购买居家养老服务的地方性实践成效、挑战与展望[J].山东社会科学,2015,(07):125-130.

[17] 白玫,朱庆华.智慧养老现状分析及发展对策[J].现代管理科学,2016,(09):63-65.